公衆とその諸問題

現代政治の基礎

ジョン・デューイ
阿部 齊 訳

筑摩書房

THE PUBLIC AND ITS PROBLEMS
by
John Dewey
Published by Henry Holt & Company, U.S.A. 1927

目　次

第一章　公衆を求めて

もし「事実」そのものと、その事実の持つ意味との間にある距離を認識しようと思うならば、社会的な問題についての論議が行なわれる場に一歩踏みこんでみるがよい。多くのひとびとは、事実というのは表にもその意味をぶらさげていると考えているようである。事実を十分に集めれば、その事実についての解釈はおのずから明らかになるというわけである。自然科学の発達はこの考え方を確証するものだと思われている。しかし、自然的事実がわれわれにある信念を抱くことを強制する力を持つとしても、それはむきだしの現象に本来そなわっているものではない。その力は方法、すなわち調査研究と数学的推論の技術に由来するものである。事実の処理を可能にする諸学説をしっかり保持しているかぎり、たんに事実を集めたからといって、そのことからただちに、それらの事実の持つ意味について何か特定の理論を持たざるをえなくなるなどということは決してない。事実の持つ意味について抱かれていた確信が何らかの重大な変更を受けることが可能なのは、事実が十分に研究され活用されて、新しい視座が示唆されてくるような場合のみである。自然科学からその実験装置と数学的処理方法とを取り去ってみよう。そうすれば、たとえなまの事実は同じままであると考えてみても、事実を解釈する諸理論においては、人間の想像力は野放しなものになってしまうであろう。

国家の性質に関する理論的解釈と事実との偏差

いずれにせよ、社会哲学においては事実と学説との間に大きなへだたりがあることは明らかである。たとえば、政治についての諸事実と、国家の性質に関する現存の諸理論とを比較してみよう。もしも、研究者たちが観察された現象——たとえば、国王、大統領、立法者、判事、治安判事、査税官その他あらゆる公職にある者の行動——だけを問題にするかぎり、妥当な見解の一致を得ることも困難ではない。この見解の一致を、国家の基礎・性質・機能・正当化などといったものについてみられる見解の相違と比較してみるならば、後者における見解の不一致は一見したところ絶望的なものである。もし事実の列挙ではなくて、国家の定義を求めるならば、ひとは論争へ、いや相対立した主張の寄せ集めの中へ投げこまれることになる。アリストテレスに起源をもつと称される一つの伝統によれば、国家とは、協働と調和の生活がその最高の可能性にまで昂《たか》められたものとされている。すなわち、国家は社会という建造物の礎石であり、同時に、それ自体完結的なものとしてひとつの建造物である。他の見方によれば、国家は多くの社会制度のひとつであるが、範囲は狭くしかし重要な機能、すなわち、他の社会的単位の間に起こる紛争の調停者たる機能を持つものとされる。あらゆる集団は、現実の人間的な利害関心から生まれ、かつその実現につとめる。教会は宗教的価値を、ギルド、組合、会社は物質的・経済的利益をという具合である。ところが、国家はそれ自身の利害関心を持たない。その目的は形式的なものであり、この点ではオーケストラの指揮者——何の楽器も持たず、したがって音を出すことは全然ないが、しかし音を出す他の楽員たちの間に相互の和合を保つことにつとめている指揮者——に比することができるというわけである。さらに、第三の見方もある。すなわち、国家は組織された抑圧力であり、同時に社会的桎梏であり、寄生者であり、専制者であるという見方である。第四の見方によれば、国家は個々人が相互にあまり激しく争うことがないようにしておくための、多かれ少なかれ不体裁な道具である。

これらさまざまな議論の枝葉末節にまでさらに足を踏み入れ、また各々の議論を支えている基盤にまで目を向けるとすれば、混乱はいっそうつのるばかりである。ある哲学においては、国家は人間の結合形態の極致であり、その完成であり、あらゆる人間的能力の最高度の実現を示すものであるとされている。この見方も、それが最初に定式化された時にはある程度の妥当性を持っていた。それは古代の都市国家に発展した見解であり、そこでは完全な自由人であることと、劇、スポーツ、宗教、あるいはまた共同社会の統治に参加する市民であることとは同一のことであった。ところが、この見方はいまもなお生き残っており、現代の国家にまで適用されているのである。もうひとつの見方は、国家を教会と並立させ(この見方の変形としては国家をわずかではあれ、教会に従属させるものもある)、国家は外面的秩序と人間相互間の礼節を保持するための神の世俗的権力であると考える。ある近代の理論は、理性と意思という概念を借用することによって、国家とその活動とを理想化し、讃美する。その結果、ついには国家は、諸個人や諸個人の集合の間に見出しうる欲求と目的とをはるかに超越した、一つの意思と理性の客観的顕示として現われるに至っている。

諸理論の実際的な意味

ところで、われわれはここで政治学説の百科事典や歴史を書くことには関心がないのであるから、このように諸学説をかってきままに並べ立てることは、もうやめにしよう。これらの学説においては、政治的行動の事実としての現象と、これらの現象の意味についての解釈との間に、共通の地盤がほとんど存在しないことさえ判ればよいのである。この行詰まりを打開するひとつの方法は、意味や解釈についての問題はすべて、政治科学とは区別した意味での政治哲学にゆだねてしまうことである。そうすれば、不毛な思索というものは、あらゆる哲学につきものなのだと指摘しておけばよい。その狙いは、この種の教養をすべて放逐し、確実に検証された事実に対して忠実であろうとすることなのである。

　この方策は容易であり、魅力的でもある。しかし、これを実際に採用することは不可能である。政治的事実は、人間の欲望や判断と無関係に存在するものではないからである。ひとびとが現に存在している政治組織や体制の価値について抱いている評価を変えれば、その場合、組織や体制自体もまた多少の変容を免れない。つまり、政治哲学を特徴づけている異なった諸理論というものは、それらが解釈しようとこころみている諸事実と無関係に生まれてきたものではない。政治哲学の諸理論は、これら諸事実の中から選択された要素を増幅拡大したものなのである。変えることが可能で、しかも現に変化しつつある人間の習慣が政治現象の基礎であり、また政治現象を生み出しているのである。これらの習慣は、合理的な目的と熟慮された選択とによって形成されているというのではなく、むしろその反対だとさえいえよう。しかし、習慣は多かれ少なかれ合理的目的や熟慮された選択に従うものである。人間集団のあるものは、たえず政治上のある習慣を攻撃し、かつそれを変えようと試みている。一方他の集団は、その習慣を積極的に支持し、正当化しようとしている。それゆえ、われわれが事実問題に固執することはできるが、ある点に関して権利問題——すなわちいかなる権利によってかという問題や正統性の問題——を提起することはできないと考えることは、たんなる言い抜けにすぎないのである。そして、このような権利問題は、ついには国家そのものの性質に関する問題にまで発展するに至るであろう。したがって、われわれの眼前にある二者択一は、片や事実にのみ限定された科学、片や無統制の思惟というわけではない。むしろ選択は、一方における盲目的かつ非合理的な攻撃や防禦と、他方における知的な方法や意識された基準を備えた理性的批判との間に存在するのである。

数学や自然科学の権威は絶大であり、それは正当でもあろう。だが、人間の欲求や努力からは独立している諸事実と、ある程度まで人間の関心や目的の結果であり、それらの変動に伴って変化するような諸事実との相違というものは、どのような方法論をとろうと克服することはできない。われわれが諸事実と真剣にとりくもうとすればするほど、人間の活動を条件づける事実と、人間の活動によって条件づけられる事実とを区別することの重要性はますます大きくなる。この相違を無視する程度に応じて、社会科学は似非《えせ》科学に近づくことになる。ジェファソンやハミルトンの政治思想は、アメリカの政治的行動という事実とはまったく無縁な、人間の心の中にあったたんなる理論といったものではない。かれらの思想は、これら事実の中から選ばれたある局面とある要素との表現なのであり、しかもそれ以上のものなのである。すなわち、これらの思想は事実を形成した力であり、また将来においてもなお、さまざまの方法で事実を形成するために争い続けるであろう力なのである。したがって、国家とは現に各個人が保有している権利の範囲内で個人を保護する道具であるとみなす国家理論と、国家の機能は諸個人の間により平等な権利の配分をなすことにあると考える国家理論との間には、たんなる思弁的な相違以上の相違がある。というのは、これらの理論は議会における立法者や法廷における裁判官によって支持され、適用され、その結果、それ以後に起こる事実自体に相違を生ぜしめるものだからである。

アリストテレス、ストア学派、聖トーマス、ロック、ルソー、カント、ヘーゲルといった人々の政治哲学がもっていた実際上の影響というものは、状況の及ぼす影響と比較すれば、しばしば過大に評価されてきたということは疑いないと思われる。しかし、しばしば用いられるごとき論法、つまり思想というものは力を持たないものだなどという理由によって、これらの思想がもっているある程度の有効性を否定してしまうことはできない。なぜなら、思想は肉体を持った人間に帰属するものであり、人体において、思想を抱く部分の構造や過程と、行為を遂行する部分のそれとが切離されてはいないからである。頭脳と筋肉とは共働するものであるし、社会科学にとっては、人間の頭脳はその筋肉組織や感覚器官よりもはるかに重要な与件である。

だが、政治哲学上の論議をすすめることはわれわれの目的ではない。国家という概念は、定冠詞づきで用いられる概念の大多数と同じように、手近に使用するにはあまりに硬直したものであるし、またあまりにも論争と結びつき過ぎている。それは真正面から攻撃するよりも側面から迂回して近接する方がはるかに容易であるような概念である。われわれが「国家」という語を発音した瞬間に、さまざまな知的幻影があらわれて、われわれの観念像を不明確にする。「国家」という観念は、われわれがそれを意図しあるいは認知しなくても、無意識のうちにさまざまな観念相互間の論理的関係を考えるようわれわれを引きずり込み、人間行動という事実からわれわれを遠くへ引き離してしまうのである。したがって、もし可能なら、人間行動の事実から出発し、それによってわれわれが、政治的行動を特徴づける特色や標識を包含するなんらかの観念へと導かれないかどうかを検討する方がよりよいであろう。

原因としての根源から出発する理論

この問題接近の方法にはなんら新奇なところはない。ただ、われわれが出発点として何を選ぶかということが大きな比重を占めることになるし、またその出発点を選ぶのが、究極においては、国家はいかにあるべきかを述べるためなのか、それとも国家が現にいかにあるかを述べるためなのかということも大きな比重を占めることになる。もし、国家はいかにあるべきかということにあまり関心を抱きすぎると、われわれは、知らず識らずのうちにあらかじめ決められた結論に到達するように選択された事実を、処理することになりがちである。また、われわれは人間行動の諸側面の中でも直接的にものごとの原因となる力が帰せられているようなものからは出発すべきでない。すなわち、国家を形成する諸力などを探し求めるべきではないのである。もしそんなことをすれば、われわれは神話にまきこまれることになるであろう。人間は政治的動物であると述べることによって、国家の起源を説明することは、循環論法に陥ってしまうことである。それはちょうど宗教を宗教的本能のせいにし、家族を夫婦愛と親子愛のせいにし、また言語を人間を話すことへと駆りたてる自然の本性のせいにするのと同じである。このような理論は、説明されるべき結果を、ものごとをひき起こすいわゆる原因的な力という形でたんに反復しているにすぎない。それは麻酔的な力によってひとびとを眠りにさそう効験あらたかな阿片の一片にも似たものである。

この警告はわら人形に対して向けられているのではない。国家やその他の社会制度を、純粋に「心理学的」なデータから説明しようとする企ては、この警告の対象として適当な例である。社会の成り立ちを説明するのに人間の群居本能を持ち出すことは、怠惰の結果生まれる誤りの顕著な実例である。人間は、水銀のしずくのように、いくつものかたまりが互いにくっつきあって、より大きなかたまりになったりはしないし、仮にそうなったとしても、その結果国家が生まれるのでないし、またいかなる型の人間の結合形態が生まれるのでもないであろう。本能というものは、それが群居性とか、あるいは共感とか、相互依存の感覚とか、また一方での支配と他方での屈辱や隷従とか呼ばれようと、それはせいぜいのところ、あらゆるものを一般的に説明してはくれるが、個別的には何も説明してくれないのである。そして、何よりもわるいことには、ここでものごとをひき起こす原因的な力として持ち出されている、本能といわれるものや自然の本性自体が、説明することを求められている社会的条件そのものによって、あらかじめ行動や期待の仕方の習性として作り上げられてしまった生理学的傾向を示していることである。けもののむれの中で生活してきた人間は、慣れ親しんできた遊牧集団に対する愛着を増大させる。いやおうなしに他人を頼りにして生活してきた子どもは、依存と服従という習性を持つようになる。劣等感は社会的に獲得されるものだし、自己顕示や優越感といった「本能」は、実は劣等感の異なった表現にすぎないのである。鳥の器官が鳴き声を生みだすように、発声という型で生理学的に自己表現をするような、有機組織をもった器官がないわけではない。しかし、犬の吠える声や鳥の鳴き声が十分証明しているように、これらの生得的な傾向が言語を生み出すわけではない。生得的な発声が言語へと転換するためには、それは外部の条件にあわせての変化を必要とするのであり、この外部の条件は生物学的なものでもあるし、また非生物学的、つまり環境上のものでもある。すなわち、たんなる刺戟の結果ではなく形成が必要とされるのである。赤ん坊の叫び声を純粋に生物学的な表現で記述することは確かにできるであろうが、泣き声は、その結果として第三者の反応行動を生み出すことによってのみ、名詞や動詞になるのである。この反応行動は養育や保護という形をとるが、それ自体が伝統や習慣や社会の類型に依存している。もし、指導や訓育が「本能」とされるならば、同じように幼児殺しも「本能」とされるはずではないか。あるいは、女の子を捨てて男の子を育てるのも「本能」というのか？

　われわれはあれやこれやの社会的本能を持ち出そうとする、今日しばしばみられる論法よりも、よりいっそう神話的でない形でこの議論を進めることにしよう。動物の活動は、鉱物や植物の活動と同じく、その構造《しくみ》と相互に関連しあっている。四つ足のけものは走り、昆虫ははいまわり、魚は泳ぎ、鳥は飛ぶ。彼らはそのように作られているのであり、それは「動物の本性」である。構造と行為との間には、走り、はいまわり、泳ぎ、そして飛ぶ本能があると考えてみても、何の役にもたたない。しかし、人間が相互に関係をつくり、結びつき、集合し、結合するように導く条件を、純粋に生物学的に考えてみれば、それは他の動物を虫や獣や家畜の群れに結合するように導く生物学的条件とまったく同じものである。だから、人間の結びつきや共働と他の動物の結びつきや共働とに共通なものを記述するだけでは、人間の結合形態が特に人間的であるゆえんのものに到達することはできないであろう。これらの構造的な条件と活動とは、人間社会の必要条件といえるであろう。しかし、無生物間にみられるような誘引力と反撥力も同様に必要条件である。動物学だけでなく、物理学と化学もまた、それなくしては人間が結合しないであろうようないくつかの条件についてわれわれに教えてくれるであろう。しかし、それらは共同生活とそれがとる形態についての十分条件を明らかにしてはくれないのである。

認知された諸結果から出発する理論

われわれは、どのような場合でも、遂行された行為についての仮説的な原因ではなく、それらの行為そのものから出発して、その結果を考究すべきである。われわれはまた知性、すなわち結果を結果として、つまりそれらの結果を生ぜしめた行為との関連において、観測することをも導入しなければならない。そして、われわれが知性を導入しなければならないのである以上、意識してそうすることの方が上策であって、税関吏——つまり読者諸子——だけではなく、われわれ自身をもあざむくようなやり方でそれをこっそりと密輸入することは得策ではない。そこで、われわれが出発点とするのは、次のような客観的事実である。つまり、人間の行為は他人に諸結果を及ぼすものであり、これらの結果のあるものは知覚され、かつそれらの知覚に伴って、ある結果を確保し、他の諸結果を避けるために行動を規制する努力が生ずるという事実である。この道しるべに従うと、われわれは行為の結果には二種類あること、つまりトランザクション〔transaction 外部的な結果を伴う行動をさす〕に直接従事するひとびとに影響を及ぼすものと、それらの直接的に関係したひとびとを超えて第三者に影響を及ぼすものとがあるという認識に導かれるであろう。この区別のうちに、われわれは私的なものと公的なものとの区別の萌芽をみるのである。間接的な諸結果が認識され、それらを規制しようという努力が存在する時、国家の特色をそなえたあるなにものかが存在することになる。ある行動の諸結果が、主として、それに直接たずさわるひとびとに限定されているか、あるいは限定されると考えられている時、トランザクションは私的なものである。たとえば、AとBとが一緒に会話をかわす場合、その行動はトランザクションであり、両者はともにそれに関わりあっている。その諸結果は、いうなれば一方から他方へと横切っていくのである。それによって一方もしくは他方、あるいは双方とも助けられたり、傷つけられたりするかもしれない。しかし、仮定からして、利益や危害の結果はAとBとを超えて拡がることはない。その活動は両者の間だけにあり、したがって、私的なものである。だが、もし会話の諸結果が直接にそれをかわす二人を超えて拡がり、多くの第三者の福祉に影響を及ぼすことが認められる場合には、その行為は公的作用力を持つようになるのである。その会話をかわしているのが、たとえ王とその首相とであっても、あるいはカティリナ〔前一〇八?—六二。ローマ共和政末期の政治家で反逆者〕とその仲間の陰謀者たちであっても、あるいはまた市場を独占しようと計画している商人たちであっても変わりはない。

個人的と社会的との区別に代わる私的と公的との区別

したがって、もし個人的なものと社会的なものとの区別が明確な意味を持つものと考えても、私的なものと公的なものとの区別は、いかなる意味においても、個人的なものと社会的なものとの区別と同じではない。多くの私的な行為は社会的である。つまり、その結果が共同社会の福祉に貢献したり、その現状や将来に影響を及ぼすのである。広い意味においては、二人、あるいはそれ以上の人たちの間で意識的に営まれるトランザクションは、その質においては社会的である。トランザクションは協働的な行動の一形態であり、その結果がより以上の協働関係を押し進めるという影響を及ぼすこともありうるのである。ひとは、私的な仕事にたずさわっていても、他のひとたちに、それも共同社会全体のひとたちにさえ奉仕することがある。アダム・スミスが主張したように、私たちの朝の食卓は、博愛の精神や公共的精神などにもとづく奉仕によってしつらえられた時よりも、農夫、食料品店、肉屋などの、私利をもくろみ、私事を営む行為が寄り集まった結果としてしつらえられた時の方がより美味であるということは、ある程度まで真理である。共同社会には芸術作品や科学的発見がもたらされてきたが、それはこれらの活動に従事する私人たちの個人的な喜びの結果であった。私的に図書館や、病院や、教育施設などを寄付することによって、貧乏な人たちや全体としての共同社会の利益になるような行為をする博愛主義者たちもいる。約言すれば、私的な行為であっても、間接的な結果と直接的な意図との双方において、社会的に価値あるものとなりうるのである。

それゆえ、ある行為の私的性格と、その非社会的、あるいは反社会的性格との間には必然的な関係はない。さらにまた、公的なものを社会的に有用なものと同一視することもできない。政治的に組織された共同社会の最も普通にみられる活動のひとつは、戦争に従事することであった。だが、軍国主義者のうちで最も好戦的な分子でさえも、あらゆる戦争が社会的にも有用であるという主張には同意し難いであろうし、またある種の戦争は社会的な諸価値をあまりにも破壊するから、戦わずにすんだならばそれにこしたことはないということも否定し難いであろう。公的なものと社会的なものとが等しくないという主張は、社会的という言葉をいかに立派な意味にとったところで、なにも戦争の場合にだけ当てはまるのではない。政治活動に魅入られるあまり、政治活動というものが、目先にとらわれ、愚かで、有害であったことなどはこれまで一度もなかったと主張する者はいないであろう。なかには、私的な資格しか持たないひとでもできることを、公的機関がなんでもしようとするから社会的損失が生じるのだという信念を常にもっている人たちさえある。もっと多くの人たちが、ある特殊な公的活動、たとえば禁酒、保護関税、モンロー主義の拡張解釈などは社会にとって有害であると抗議している。実際のところ、まじめな政治上の論争はすべて、ある特定の政治的行為が社会的に有益であるか、それとも有害であるかという問題に落ち着くのである。

ある行動は、それが私的に企てられたからといって非社会的でも反社会的でもないのと同じように、公的なものの名において、公的機関によって実行されたからといって、必ずしも社会的に価値があるということにはならない。この議論はもうこれ以上裨益《ひえき》するところはないが、少なくとも私たちに、共同社会およびその利益を、国家あるいは政治的に組織された共同社会と同一視することを戒めてくれる。そして、この区別を認めることによって、私たちはすでに提出された命題、つまり私的なものと公的なものとの間の一線は、禁止とか奨励とかの規制を必要とするほど重要なものである行為がもたらす諸結果の影響の大きさと拡がりとにもとづいて引かれるべきだという命題を、より好意的に眺められるようになるであろう。私たちは私的建造物と公的建造物とを、私立学校と公立学校とを、私道と公道とを、私有財産と公共基金とを、また私人と公職者とを区別している。この区別のうちに、国家の性質と任務とを解く鍵がみつかるというのが私たちの論ずべき主題である。語源的に「私的な」ということばが「公務の」（official）ということばの反対語であると定義され、私人とは公的な地位を奪われたひとであるとされるのには少なからぬ意味があるのである。公衆とは、トランザクションの間接的な諸結果によって、それについての組織的な配慮が必要だとみなされる程度にまで影響を受ける人々の総体から成り立っている。公職者とは、このような影響を蒙る諸利益をみつけ出し、それらに注意を払う人々のことである。間接的な影響を蒙る人たちは、問題になっているトランザクションの直接の参加者ではないから、公衆を代表し、彼らの利益を保ち、保護するために、特定の人々が選び出されていることが必要なのである。この職務の遂行に必要な建造物、財産、基金その他の物的資源が公共財産＝国家（*res publica*, common-wealth）である。人々相互の間のトランザクションの影響が大きくて永続きするとき、そうした間接的な諸結果に配慮する公職者や物的機構などを通じて組織されたかぎりでの公衆が人民（*Populus*）である。

共同社会の構成員の人命と財産の保護に任じ、彼らの蒙る悪の匡正《きようせい》に任ずる法的な機関が、常に存在していたのではなかったということは当然である。法的な諸制度は自力救済の権利が通用していた初期の時代に起源を持っている。もしある人が傷つけられたなら、仕返しをするために何をなすべきかは、彼に厳格に義務づけられていた。もう一人を傷つけ、傷害に対する罰を強要することは私的なトランザクションであった。それらは直接関与するものの間の事柄であり、他の誰にとっても直接の仕事ではなかった。しかし、傷つけられた側は容易に友人や親族の援助を得たし、加害者の側も同様であった。それゆえ、闘争の結果は直接関与するものだけに限定されはしなかったのである。宿怨が生じ、血族間の争いは多数のひとびとを巻きこみ、数世代にわたって続くことにもなった。この大規模で永続的な争いとそれによってすべての家族にもたらされる危害とが認められれば、そこにひとつの公的なものが生じることになる。トランザクションはその直接的な当事者のみに関わることではなくなったのである。間接的に影響を蒙るひとびとは、ひとつの公衆を形成し、紛争を局限するために和解その他の宥和手段をとることによって、その利益を保護する方法を講ずるのである。

これらの事実は単純なものであり、よく知られてもいる。しかし、それらは国家、その機関、公務員などを定義するにたる特徴を萌芽的な形で示しているように思われる。この事例は、国家の性質を直接的な原因となるような要素によって決定しようとするのは誤りであるという時、私たちが何を言おうとしているかということを示している。国家の本質的な点は、永続的で影響の大きいある行動の諸結果というものと関係せざるをえないのである。その行動は、すべての行動と同様に、究極的には個々の人間を通じて発現するものである。わるい結果を認識することがひとつの共同の利益を生み出し、その利益の保持のために、あるひとびとを彼らの防衛者、代弁者として、さらにもし必要ならば、執行者として選び出すとともに、一定の方策や規則を決めることが求められたのである。

もしこのような正しい方向で説明がなされるならば、それは政治的な行為という事実と国家についての理論との間のすでにあげたような喰い違いをも明らかにするはずである。ところが、ひとびとはこれまで誤った場所に首をつっこんできた。彼らは国家の性質を明らかにする鍵を政府機関とか、行為の担い手といった領域に、あるいはまた行為の背後にある意思や目的といったものに求めてきた。彼らは根源という概念から国家を説明しようとしてきたのである。なるほど、究極的にはあらゆる熟慮された選択は特定のある人から生ずるのであり、行為はそのある人によって遂行され、かつあらゆる取り決めや計画もまた、ことばの最も具体的な意味において「ある人」によってなされる。いわば、あるジョン・ドウとリチャード・ロー〔英法で土地占有回復訴訟において用いられた原告と被告の仮想名〕とがあらゆるトランザクションに姿を現わすというわけである。だが、もし任意の行為を起こした行為者の側に公衆を求めるならば、私たちはそれを見出すことはないであろう。たしかに、あるジョン・スミスという特定の人間とその同類たちが、小麦を育てるべきかどうか、金をどれだけ、どこへ、またどのように投資すべきか、どの道を造り、通るか、戦いをなすべきか否か、戦うとしたらどのようにしてか、どんな法律を通過させるべきか、あるいはまた法律に服従すべきか、拒否すべきかなどということを決定するのである。だが、個々人の熟慮された行為に代わるものも現実にあるが、それは公衆による行為ではない。それは同じく個々人により遂行されるのではあるが、むしろ紋切型で、衝動的で、また他人を考慮しない行為なのである。

個々の人間は、群衆の中や、政治上の集会や、株主総会や、あるいは投票所などにいる時には自身の一貫性を失うことがある。だが、これは別に何か神秘的な集団的力が決定を左右するということを意味するのではなく、彼らが何にたずさわっているかを熟知しているある少数の人間が、群衆を彼らの欲する方向へ導き、政党マシーン〔アメリカの政党の地方組織の別名〕の采配をとり、法人企業の業務を統率するために集合的な力を利用しているというにすぎない。これに対して公衆とか国家とかが、法律を通過させたり、契約を強行したり、選挙権を賦与するなどのように、社会的諸制度を作ることにたずさわる時でも、それはなお具体的な人間を通じて行動する。この場合には、その人間は公務員、つまり公共的であり共有された利益の代表者たちである。この相違は重要である。それは単一の人間と、集合的、非人格的意思との相違ではない。それは私的な性格でとらえられた人間と、公務上の、あるいは代表としての性格でとらえられた人間との間の違いである。ここに示される特質は、根源(authorship)ではなくて権威(authority)、つまり、幸福や不幸といった広範で永続的な帰結を生み出したり、防いだりする行動を規制する、もろもろの承認された結果についての権威である。公職者はなるほど公的な代理ではあるが、それは他のひとびとに関する結果のあるものを確保し、あるものを未然に防いだりするという、他のひとびとの用件を行なうという意味において代理なのである。

　私たちが誤った場所に首をつっこんでいる時には、当然のことながら、探し求めているものが何であるかを見失ってしまう。その最悪の場合が、結果の代わりに原因的な諸力ということにこだわって誤った場所に首をつっこむ場合であり、観察は恣意的になる。原因的な諸力というものには照合すべき対象がないからである。「解釈」は不羈《ふき》奔放《ほんぽう》になる。その結果、多様な理論の相剋と見解の不一致とが生ずることになる。あるものは、国家についての理論の絶えざる相剋は、それ自体問題が誤って提出されていることの証拠であるとア・プリオリに主張するかもしれない。われわれがすでにみてきたように、現象は時と所の変わるに応じて無限に変化するが、政治行動の主要な事実は、たとえそれが錯綜したものである場合でも、現象面から隠されてしまっているわけではないからである。それらは、われわれにも観察可能な人間の行動についての事実である。国家についての多数の矛盾しあう理論が存在しており、理論それ自体の見地からすれば困惑させるようなものであるとしても、すべての理論が、相互間の相違にもかかわらず、ひとしく共通の錯誤という根から生じたものであるということがわかれば、それは容易に説明がつくのである。この共通の錯誤とは、つまり結果の代わりに原因的な能動作用を問題の核心に置くということなのである。

このような態度を前提として、あるときにある人がその天性である形而上学的努力のすえ、原因的な能動作用を発見したと仮定してみよう。その時国家は完成された社会というひとつの目標に向かってみずからを発展させようとする人間の「本質」によって説明されることになるであろう。これとは異なった先入観や願望に影響されているひとびとは、堕落した人間性を素材に、そうした腐敗した材料でも可能なかぎりで、神的な秩序と正義というイメージを再生産している神の意思の中に、国家の制作者を見出すことになるであろう。またあるひとびとは、寄り集まって契約あるいは相互誓約で忠誠を確保することにより国家を出現させる個々人の意思の集合の中に国家の制作者を探し求める。他のひとびとはそれを、個別の存在の内に宿る普遍的なものとして、すべての人間に具現されている一個の自律的、かつ先験的な意思の中に見出す。この意思はそれ自体の内面的な特質からして、意思がその自由を外に向かって表現するのを可能にするような外在的条件を確立することを命ずるのである。さらにまた他のひとびとは、精神あるいは理性は実在の属性であるか、あるいはそれ自体が実在であるという事実のうちに国家の制作者を見出し、精神の多様性や差異、すなわち個性は、感覚に属する幻影であるか、さもなければ理性という本源的実在に比すればたんなる見せかけにすぎぬものとしてしまうのである。これらさまざまな見解がすべて一個の共通の錯誤から生まれているとすれば、そのあるものは他のものと同程度の見解なのであり、そのどれが選ばれるかは、教育、気質、階級的利益、その時代の支配的風潮といった偶然的な事柄が決定するのである。この場合には、理性は、人間行動をその結果について分析し、それによって政治体を構想する代わりに、採用された見解を正当化するみちを見出すためにのみ活動するようになる。ところで、自然哲学は知的革命の後にのみ着実に進歩したということは古くからいわれているところである。これは原因や原因を生じさせる諸力の探究をやめて、進行しつつあることについて、そしてそれがいかに進行しつつあるかについて分析することに方向を変えたことの結果なのである。政治哲学はいまだ大部分がこの教訓を真剣に考えなければならぬ段階にあるのである。

問題は、分析的かつ徹底的な方法で人間の行為（怠慢や行動しないことも含めて）の結果を理解し、これらの結果に注意を払うための基準や手段を確立することであるのに気がつかないと、そこに生ずるのは相剋しあい、かつ和解し難い国家についての諸理論だけにはとどまらない。その弊害としては、ある程度までは真理を理解しているひとびとの見解までゆがめるような影響をも生ずることになる。われわれはすべての熟慮された選択と計画とは、究極的には個々の人間の営みであると主張してきた。ところが、この観察からさえ完全に誤った結論がひきだされているのである。すなわち、いまだに原因的な諸力という点から考えることで、この事実から国家とか公衆といったものは一つの虚構であり、権力と地位とに対する私的な野心に覆いかぶせた一個のマスクにすぎないという結論がひきだされるのである。その結果、国家だけでなく社会自体もまた相互に関連を持たぬ欲求や意思のひとつの集合体へと解消されてしまう。その論理的帰結として、国家は恣意的な権力から生まれ、欺瞞によって維持されている純然たる抑圧として、あるいはまた、ひとりひとりの人間の持つ力を、ひとりひとりの人間が抵抗しえないような集合的な力へとプールしたものとして考えられるようになる。この力のプールは、それにかわりうる唯一の道が絶望的で野蛮な生活を招く、万人に対する万人の闘争なのであるから、絶望の果ての手段だとされるのである。こうして、国家は破壊されるべき怪物か、畏怖されるべきリヴァイアサンかのいずれかの姿で現われる。要するに、国家についての問題は原因的な諸力と関連するという根本的な錯誤の影響によって、主義としての、また哲学としての個人主義が生み出されたのである。

結合関係の影響

この教義は誤っているが、ひとつの事実から出発してはいるのである。すなわち、欲求、選択、目的などは個別の人間の中にその位置を占めているのであり、欲望、意図、決断などを表明する行動はおのおの特殊な面を持つひとりひとりの人間から生ずるものである。しかし、思考と決定の形態が個人的なものであるから、それらの内容、あるいは主題もまた純粋に個人的なものであるという結論に導かれるのは、ただ私たちが知的に怠惰な場合だけである。哲学や心理学における個人主義的伝統が想定しているように、「意識」はまったく私的な事柄であるとしても、意識とは対象についての意識であり、それ自体で存在するのではないということは真であろう。関係とか組合せとかいう意味での結合(association)は、存在することが知られているあらゆる事物について妥当する一個の「法則」である。個別の事物が運動するときにもやはり共働が伴う。完全に孤立して運動している事物などかつて発見されたことがないのである。あらゆる事物の運動は他の事物の運動を伴う。

「伴う」というのは、おのおのの運動がその事物と他の事物との関係によって変更を受けるというようなことである。森の中でしか成育しえない木がある。多くの植物の種子は、他の植物が存在することによって与えられる条件のもとでしか有効に発芽し、成長することができない。多くの植物では、種の再生産は受精を生じさせる昆虫の活動に依存している。動物の細胞の生活史は、他の細胞が営みつつあることとの関係によって条件づけられている。電子、原子、分子なども、相互に連関した運動が普遍的に存在していることの例証である。

結合という事実、すなわち個々の要素の活動に影響を与える相互連関的運動という事実には、神秘的なものは何もない。個々のものがいかにして結合するようになったのかと問うことも無意味である。それらは現に存在しているのであり、結合して作動しているのである。もしこれらの事柄の中に神秘的なものがあるとすれば、宇宙というものが現にあるような宇宙だということこそが神秘である。だが、こうした神秘さを解明しようとすれば、ひとは宇宙の外側へ出なければならないであろう。そして、もしそれを説明しようとして宇宙外的な原因に言及すれば、論理学者はそれほど創意をしぼらずに、宇宙の内部にあるいかなるものを説明するためにも、その外にあるものは宇宙と関係せざるをえなかったはずだという注意を喚起するであろう。私たちは、受け入れるべきひとつの事実として、関係という事実を手にしたまま相変らず出発点に立っているのである。

しかし、人間の結合関係（association）に関しては理解しうる問題がある。それは個々人、すなわち単一の人間たちがどのようにして結合されるのかという問題ではなくて、人間の共同社会に電子の集合、森の木々の群生、昆虫の群がり、羊の群れ、星座などを特徴づけているものとはきわめて異なった特色を与えるような、まさにそういった仕方で人間が結合されていくのはいかにしてかという問題である。私たちはこの区別を考えるとただちに、連関しあった行為の結果が観察されている時には、それらの行為の結果はひとつの新しい価値を負わされているという事実にでくわす。なぜなら、関連しあう行為の影響に注意することは、関連それ自体について考察することを強いるのであり、関連それ自体を注意と関心との対象にするからである。それぞれの人間はその関連が知られている限りにおいて、関連を考慮にいれながら行動する。依然として個々人が思考し、欲求し、企図するのだとしても、彼らが何について考えるかといえば、それは他人の行動の上に現われる自らの行動の、そしてまた彼ら自身の行動の上に現われる他人の行動の結果についてなのである。

個々の人間は幼児として生まれた。幼児は未熟で頼りなく、他人の活動に依存している。こうした従属的な存在の多くが生き残っているということは、他人がある程度まで彼らに注意を払い、彼らの世話をしているということの証拠である。成熟し、より多くの知識を身につけた人々は、彼らの行為が未成年者たちの行為に及ぼす結果というものを知っている。彼らは未成年者たちと協力的に行動するだけでなく、彼らの行為が未成年者たちの生活と成長との上に及ぼす結果についての関心が明示されるような、特殊な結合関係において行動するのである。

未成年者たちが生理学的に存在を続けるということは、そうした結合関係の結果に対する関心の一つの現われにすぎない。成人たちは未成熟者たちが思考し、感じ、欲求し、またある特定の方法で習慣的に行為することなどを習得するようにしむけていくことにも同じように関心を寄せている。そこで求められている結果の少なからぬ部分は、未成年者たちが、協働的な行動とその結果という観点から判断し、企図し、選択することを、みずから習得すべきだということなのである。実際には、こうした関心はあまりにもしばしば、未成年者たちに成人とまったく同様に信じさせたり、計画させたりすることを求めるという形をとっているだけのことである。この実例だけによっても、個々の人間はおのおのその特殊性において思考し、意欲し、決定するのであるが、彼らが考えたり、追求したりする対象になるもの、すなわち彼らの信条や意図の内容は結合関係により規定された事柄なのだということは十分に示されるであろう。このように、人間はただたんに事実として結合しあっているだけでなく、その観念や、情感や、熟慮された行動などといった性質においても、社会的動物になるのである。人間が、信じ、希望し、目的とするものは結合関係と相互交渉の所産である。個々の人たちが欲し、追い求める基礎となる、結合関係の影響というものに、あいまいさと神秘さとを持ちこむ唯一のものは、社会を形成する力だといいたてられている特別の、本源的で原因的な諸力を発見しようとする試みなのであって、その力が、本能であれ、意思の命令であれ、あるいは個人的で、内在的で、普遍的な実践理性であれ、さらにはまた内在的で形而上学的な社会の本質と本性とであれ、すべて同様なのである。これらの事柄は何ごとも説明しない。なぜなら、これらは事実を説明するために持ち出されているにもかかわらず、事実そのものよりも神秘に満ちているからである。星座にある惑星も、もしおのおのの活動が他のものの活動と相互に結びあっていることに気づけば、それらはひとつの共同社会を形成するであろうし、またこの知識を行動に方向付けを与えるために利用することもできるであろう。

私たちは国家について思考をめぐらすことから、社会についてのより広い問題へと逸脱してしまった。しかしながら、この脱線は私たちに国家を他の社会生活の形態から区別することを可能にしてくれる。国家と完全に組織化された社会とを同じものだとみなすひとつの古い伝統がある。それによると、国家はあらゆる社会制度の完全かつ包括的な実現であるとされる。どれかひとつの、あるいはそれぞれの社会制度から生ずる価値は、それらが何であれすべて一緒にされて、国家のなしたことであると主張されるのである。この方法の対極をなすものは、あの哲学的無政府主義であって、それは、あらゆる形態の人間集団から生ずるいっさいの悪を集め、それらをひとまとめにして国家の属性であるとし、それゆえ国家の廃棄は自発的で友愛的な組織という千年王国をもたらすであろうとするのである。国家があるものにとっては神的なものでなければならず、また他のものにとっては悪魔的なものでなければならないということは、このような議論がその出発点とした前提が誤っていることの、もうひとつの証明であるといえよう。一方の理論は他方のそれと同じように粗雑なものである。

結合関係の複数性

だが、組織された公衆を他の共同生活の諸態様から区別するひとつの明確な基準がある。たとえば、友情は結合関係の非政治的な形態である。それは、相互交渉の成果が持つ親密で霊妙な感じによって特徴づけられる。それは、このような感覚のもたらす最も貴重な価値のあるものを経験するのに貢献する。ただ、偏向した理論の持つ性急さだけが、国家を共同社会の主要紐帯である友情や親密感の持つあの肌ざわりと混同し、あるいはまた国家はその存続に関して共同社会に依存しているなどと主張しようとするのである。人間はまた、科学の研究、宗教的礼拝、芸術の制作と享受、スポーツなどのために、さらにはまた商工業を営むために、集団を作る。これらのどの場合にも、「自然的な」つまり生物学的な条件と地域的隣接とから生ずる、ある種の結合されたあるいは相互に連関した行為が、明確な諸結果、すなわち孤立した行動のもたらす結果とは本質的に異なった諸結果を生み出すことになるのである。

公衆の基準

これらの諸結果が知性的にも感性的にも評価された時、ひとつの共有された利害関係が生じ、相互関連的な行動の性質がそれによって変化させられる。結合関係のおのおのの形態は、それ自体の特殊な質と価値とを持っており、それを認識するのに誰も相互に混同したりはしない。ひとつの国家としての公衆の特徴は、あらゆる態様の協働的な行動が、それに直接従事するものを超えた第三者を含むような広範で永続的な結果を生ずるという事実から生まれてくる。これらの影響が思考と感情とで認識されると、それらを認識したことが今度はそれが生じた条件を作り変えるために反作用する。これらの諸結果は探し求められ、注意を払われなければならない。こうした監督と規制とは第一次集団そのものの手によっては効果的に遂行されえない。なぜなら、ひとつの公衆を存在させるにいたるような諸結果の本質は、それらを生み出すことに直接従事していた人々を超えて拡がっているという事実にあるからである。その結果、特別な機関と方策とが必要とされるのであれば、それらが造り出されなければならないし、もしそうでなければ、現存する集団のどれかが新しい機能をひきうけなければならない。したがって、ある公衆あるいは国家の組織にみられる明白な外面上の特色は公職者の存在である。政府はそのまま国家ではない。政府は特別な任務と権力とを委ねられた支配者だけではなく、公衆をも含んでいるからである。しかしながら、公衆はその利益のために行動する公務員という形で、かつ彼らを通して組織されているのである。

国家の機能

このようにして、国家は、明確でかつ限定されてはいるが重要な社会的利益を代表する。この見方からすれば、組織された公衆がひとたびその活動を始めた時には、その要求が他の諸利益に優先するということになんら異常なところはないし、またそれがほとんどの場合に友情とか、科学、芸術、宗教などのための結合関係とかにまったく無関心であり、また無関係であるということもふしぎではないのである。もしもある友情の結果が公衆を脅かすようなことになれば、それは陰謀として扱われる。だが通常は、それは国家の仕事でも関心事でもないのである。人々はより多くの利益を得るような仕事をするために、あるいはまた相互の防衛のために、当然のこととして相互に協力して行動する。その活動がある限界を超えたとしてみよう。そうすれば、その活動に参加していない他の人々は、彼らの安全なり繁栄なりがそれによって脅かされているのを見出すであろうし、その結果突如として国家機構が動き出すであろう。このようにして、国家はある状況のもとでは、いっさいを吸収し包含するような存在である代わりに、最も怠惰で空虚な社会制度として存在することも起こるのである。それにしても、このような例から一般化をしてみて、国家はその本性上何の重要性も持たないと結論しようとする試みは、ただちに次のような事実、すなわち家族的結合、教会、労働組合、企業、あるいは教育機関などが、その外部にある多数のものに影響を及ぼすような行為をする時には、影響を蒙る人たちがひとつの公衆を形成し、その公衆は適当な仕組みを通じて行動し、かつ監督と規制とのためにみずからを組織するように努力するものだという事実によって反駁されるのである。

政治的に組織された社会というものを弁護しようとしてしばしば試みられた主張が、いかに不合理なものであるかを理解する最も良い方法は、ソクラテス、仏陀、イエス・キリスト、アリストテレス、孔子、ホメロス、ヴェルギリウス、ダンテ、聖トーマス、シェイクスピア、コペルニクス、ガリレオ、ニュートン、ボイル、ロック、ルソー、その他数多くの人々が共同社会の生活に及ぼした影響を思い出し、さらにこれらの人々が国家の公務員であると考えうるかどうかを自問自答してみることである。国家の領域を、これらの人々が公務員であるという結論が導かれるまでに拡張する方法は、どれも国家をたんにあらゆる種類の結合関係の総和につけられた名称に化してしまうだけである。国家ということばをこのようにルーズに解釈すると、途端に今度はそのことばの内で、通常の政治的、法律的意味での国家を区別することが必要になるのである。他方、もし誰かが国家を排除ないし無視したいという気持になれば、彼はペリクレス、アレクサンダー、ジュリアス・シーザー、アウグストゥス大帝、エリザベス一世、クロムウェル、リシュリュー、ナポレオン、ビスマルク、さらにはそれに類した多くの名前を思い出すかもしれない。そして、彼らも私生活を持っていたには違いないであろうが、しかしその私生活は彼らの国家の代表としての行為に比較すれば、いかに無意味に存在しているにすぎないことかと、おぼろげに感じられるであろう。

ここで展開したような国家「性」についての概念は、個々の特定な政治的行為、方策、制度などの妥当性や合理性についての確信を含むものではない。諸結果の観察は、少なくとも自然界の対象についての知覚と同じ程度には、錯誤と錯覚とを免れ難いのである。諸結果を規制するために何を企てるか、またそれをどのように実行するかについての判断は誤りやすいものであるし、その他の諸計画も同様である。失策が積み重なり、それらが法や行政手続として固定されるようになれば、当初それらによって管理しようともくろまれていた諸結果よりもいっそう有害な結果がもたらされることになるであろう。そして、すべての政治史が示しているように、公職的な地位の支配権に随伴する権力と威信とは、支配をしてそれ自体のために追求され、かつ利用されるべきものとしてしまうのである。統治権力は、出生の偶然や、ある人に官職を得ることを可能にするような資質などに基づいて配分されているが、これらの事情は統治権力の代表的機能を果たすうえではまったく筋違いのものである。しかし、支配者や政府の諸機関によって公衆の組織化をはかる必要は現に存在しているし、またそれはある程度までは政治的な事実というものに本来的に含まれてもいるものでもある。政治史に記録されている進歩というものは、それを不明瞭にし、混乱させる、筋違いなものの巨大な寄せ集めの中からでも、そうした観念が輝かしく発現するかどうかに依存している。それによって、ある機関にその目的の遂行にいっそう適合した機能が与えられるような再組織が行なわれる。だが、進歩は着実なものでも、継続的なものでもない。後退も進歩と同様に間歇《かんけつ》的に訪れる。たとえば、テクノロジィにおける努力ともろもろの発見は、協働的な行動の態様を変えるような手段を創出し、それは間接的な諸結果がもたらす衝撃の量、質、位置などを徹底的に変化させる。

しかしながら、これらの変化は、ひとたび確立され、それ自身の惰性的な運動に頑強に固執する既存の政治形態にとっては、外在的なものにとどまる。新しい公衆が生み出されても、それは、既存の政治上の諸機関を用いることができないので、長い間出発点の状況に、組織化されないままにとどまることになる。既存の諸機関は、精巧かつ適切に制度化されている場合には、新しい公衆の組織化を阻害する。それらは、もし社会生活がいっそう流動的になり、固定された政治や法律の鋳型にはめこみにくいものになれば急速に成長するであろう新しい国家形態の発展を阻止する。それゆえ、新しい公衆を形成するためには、その公衆自体が既存の政治上の諸形態を打破しなければならない。だが、これらの政治形態は、それ自体が変化をひきおこす通常の手段なのであるから、このようなことを実行するのは非常に困難である。既存の政治形態を生み出した公衆は過去のものとなりつつあるのに、権力と権力への渇望とは、その死滅しつつある公衆が設定した公務員と諸機関との手に依然として握られているのである。国家形態の変革がしばしば革命によってのみ果たされたことの理由はこれである。十分に弾力的で、状況の変化に対応していくような、政治上および法律上の機構を創り出すことは、これまでのところ、人智の及びえないことであった。新しく形成されつつある公衆の必要性が、すでに確立された国家形態によって阻害されるような時代というものは、国家に対する軽侮の念と無関心との増大がみられる時代でもある。一般的な無関心、無視、それに軽蔑などは、さまざまな直接行動という近道によって表現されることになる。しかも、スローガンとして「直接行動」を掲げている党派以外の多くの利害関係者によっても、直接行動はとられるのであり、なかでも、既存の国家の確立された「法と秩序」に最大の敬意を払っていると公言する、有利な立場にある階級的諸利益が、しばしばもっとも精力的に直接行動に訴えるのである。その本性からして、国家は常に精細に吟味され、研究され、探し求められるべきものである。国家は、その形態が固定化されるやいなや作り直される必要があるのである。

実験的課題としての国家

かくて、国家を発見するという課題は、既存の諸制度を考究することのみに従事している理論的探究者の課題であるわけではない。それは相互に結合関係を形成して生活している人間の、すなわち、より包括的には人類そのものの実践的課題である。それは錯綜した課題である。それは、集団を形成している個々人の行動の諸結果を認知し、認識し、かつそれらの源泉と起源とにまでさかのぼって追求する能力を要求する。それは、これらの諸結果を認知することによって創造された諸利益の代表者として奉仕する人間を選任し、また彼らが手に入れ、かつ使用するであろう機能を限定することを含んでいる。それは、政府の制度について、これらの諸機能の行使に伴う名声と権力とを保持する人々が、それらを公衆のために用い、彼ら自身の私益のためには転用しえないような制度であることを要求する。だとすれば、これまでに国家が多数存在しただけではなく、その型態や種類においても多様であったことを怪しむべき理由はない。共同の活動には無限の形態があり、したがってまたそれに対応して多様な諸結果が存在してきたからである。また、これらの諸結果を識別する能力は、とりわけ、その時々に利用しうる知識という媒介手段によって変化してきた。支配者たちはあらゆる種類の異なった基盤の上に選出されてきたのである。彼らの機能も変化すれば、共通の利益を代表しようとする彼らの意思と熱望もまた変化した。真の「国家」というある一つの形態ないしは観念が存在するのであり、これら変幻自在な歴史上の諸国家は、さまざまな完成度においてこの「国家」を現実化したものであるなどと考えるようにしむけることができるのは、ただ硬直した哲学の性急さだけである。国家についてなしうる唯一の定義は純粋に形式的なものである。すなわち、国家とは、その構成員によって共有されている利益の保護に任ずべき公職者を通じて作り出された、公衆の組織である。そして、公衆とはいかなるものでありうるか、公職者とは何か、また彼らはその機能をどの程度にまで十分に遂行するかなどを探るためには、われわれは歴史についてみなければならない。

だが、われわれの概念はある特定の国家がどの程度に良いものであるかを決めるひとつの基準を与えてくれる。すなわち、公衆の組織化が達成されている度合い、さらには、公務員たちがどの程度まで公共の利益に配慮を加えるという機能を遂行するように構成されているかという度合いなどの基準である。しかし、確言できるようなア・プリオリな法則、それに従えば良き国家がおのずと存在することになるような法則などはありはしない。時と所が異なれば、存在する公衆は同一ではない。協働的な行為の諸結果と、それらについての知識とは、所与の条件によって異なったものになる。加えて、公衆がその利益に奉仕すべき政府を決定しうる手段もまた多様である。われわれは最良の国家がどのようなものであろうかについて、ただ形式的に語りうるだけである。具体的事実においては、また現実の具体的な組織と機構とにおいては、最良のものと主張しうるような国家の形態は存在しない。少なくとも、歴史が終わり、多様な国家形態のすべてについて検討できるようになるまではそうなのである。国家の形成はひとつの実験過程であらざるをえない。試行過程は、さまざまな度合の盲点と偶然的な出来事とを伴いながら進行するし、また中断と努力との、失敗と手探りとの混沌とした手続きをくり返すという代償を払いながら進行するのである。さらにその過程は、人々が何を求めているのかという洞察なしに、また良き国家が達成されている場合にさえ、良き国家とはいかなるものであるかについての明確な知識なしに進行するのである。この過程は、充足されるべき諸条件についての知識に導かれることにより、より知的に進行することもありうるであろう。しかし、それも依然として実験的であることには変わりがない。そして、行為の条件や、探究と知識との条件は常に変化しているものであるから、実験は絶えず再吟味されなければならない。すなわち、国家は絶えず再発見されなければならないのである。もう一度くり返すなら、経験されうる状態についての形式的命題を除けば、われわれは歴史がもたらすであろうものについてなんらの観念も持ちあわせていないのである。一般に国家がいかなるものであるべきか、あるいはあらねばならないかということを決定するのは、政治哲学や政治科学の任務ではない。それらがなしうるのは、人々が失敗から学び、成功から利益をえられるように、この実験がより盲目的でなく、より偶然に左右されることが少なく、より知的に進められるような方法を創り出すのを手助けすることだけであろう。政治の不変性に対する信念、またわれわれの父祖の努力によって清められ、伝統によって聖化されたある国家形態の神聖さに対する信念は、秩序正しい、方向を与えられた変革への道に横たわる障害物のひとつである。それは叛乱と革命との誘因でさえある。

概括

議論があちらこちらに移動してきたので、それをここで段階的に概括することは、内容を明確にする上に役立つであろう。すなわち、関連しあい、結合しあっている行為というものは事物の運動にともなう普遍的な特色である。このような運動は結果を生む。人間の集合的行為の諸結果のうちのあるものは認知される。それらは考慮に入れられるという仕方で注目されるのである。その結果、希求されていた諸結果を確保し、不愉快なものとみなされた諸結果を排除するための決断、計画、方策、手段などが生じてくる。かくて、諸結果の認知はひとつの共通利益を生み出す。すなわち、諸結果により影響される人々は、彼ら自身とともにその帰結をひきおこすことに参加したすべての人々の行為に、いやおうなしに関心を寄せざるをえないのである。時には、結果はそれらの結果を生み出したトランザクションに直接参加した人々にしか及ばない。他の場合には、結果はそれを生み出すことに直接従事した人々をはるかに超えて拡がる。このようにして、諸結果という点からみて、利害と行為を規制する方策とには二つの種類が生まれる。第一の場合には、利害と規制とはその行為に直接従事していたものに限定されるが、第二の場合には、それらは行為の遂行に直接参加しなかった人々にまで及ぶことになる。したがって、もし問題になっている行為により影響を受けるということから生じた利害関心が、その結果に何らかの実際的な影響を与えようとするならば、それらの諸結果を生み出す行為に対する規制が、何らかの間接的な手段によって行なわれなければならないのである。

ここまでの記述は現実の、確認しうる事実についての問題を説明してきたといってよい。これ以後は仮説を扱うことになる。たとえそれが良い影響であれ悪い影響であれ、間接的かつ重大な影響を蒙る人々は、一般的承認と名称とを要求するに十分なほど明瞭な集団を形成する。選ばれた名称がすなわち「公衆」である。この公衆は代表者を媒介として組織され、実効性のあるものとされるのであるが、代表者は慣習の守護者として、立法者として、あるいはまた行政官、裁判官などとして、個人や集団の相互関連的な行為の規制を図るという方法によって、公衆の特別な諸利益に配慮を加えるのである。したがって、この限りにおいては、結合関係に政治組織が伴うことになったのであり、統治といいうるものが存在することになったのである。すなわち、公衆はひとつの政治的国家である。

この仮説を直接確証するものは、観察可能であり、検証可能である一連の事実に関する命題のうちに見出される。それゆえ、これらの事実は政治生活や国家の活動に特有な現象を説明するに十分な条件をなすものである。そうだとすれば、他の説明を求めることは無益である。ただ、終わりに但し書を二つつけ加えておくべきであろう。ここで与えられた説明は包括的なものであると考えられる。したがって、それは図式的であり、多くの個別的な条件は省略されている。もっとも、そのいくつかは以下の章で考察されるであろう。もうひとつの点は、否定的な議論を行なった部分についてのもので、そこでは国家を特別な原因的諸力ないし作用因を用いて説明しようとする理論を攻撃したが、しかしそれは現象自体の間の原因的な関係ないしは結びつきまで否定するものではないということである。そのことはあらゆる場合に明白に前提されている。因果関係なしには、諸結果も、またそのような諸結果の起こってくる態様と質とを規制すべき諸方策も、ともにありえないであろう。否定されているのは、一連の観察しうる連関した現象の外にある特殊な力に頼ることである。このような原因的な諸力というものは、その本質において、自然科学がそれからみずからを解放しなければならなかった超自然的な諸力と異なるところがない。せいぜいのところ、それらは連関した現象自体のある局面を示すものでしかないが、それが事実を説明するために用いられたのである。実りある社会的探究をめざし、かつそれを行なうために必要とされるのは、観察しうる行為およびその諸帰結の相互関係という基礎の上に進められる方法である。われわれが従うことを提案した方法の骨子はこのようなものなのである。

第二章　国家の発見

もし誤った場所に公衆を求めていけば、われわれは国家の本質を見出すことはけっしてできないであろう。もし公衆を明確な機能を持った社会集団に組織するのを助長したり阻害したりする条件が何であるかということを問わないならば、われわれは国家の発展と変容とに含まれている問題を少しも把握することにはならないであろう。もしこの組織すなわち国家というものが、自分たちの利益を保護する公式の代表をともなった公衆の機関と等しいものであることを認めないならば、政府の性質を明らかにする手掛りは見失われてしまうであろう。これらは前章の議論によって到達され、あるいは示唆された結論である。すでに見てきたように、公衆を求めるのが誤っている場所というのは、原因的な作用因と勝手にされている領域、原因となる根源という領域、ある本質的な発現力によって国家を生み出すと想定されるような諸力の領域である。国家は、子どもが子宮にはらまれるように、有機体の接触の直接の結果として創り出されるのではないし、また機械の発明のように、直接的で意識的な意図によって創り出されるものでもない。また人格神であれ、あるいは形而上学的な絶対意思であれ、何らかの冥想的、内面的精神によって創り出されるものでもない。われわれがこうしたところに国家の起源を求める時には、事実に対するリアルな関心の結果は結局のところは、われわれはあなた、彼ら、私といった個々の人間以外には何も見出さないという結論になってしまうのである。その時にはわれわれは、神秘主義に頼るのでない限り、公衆とは神話の中で生まれたものであり、迷信によって支えられているものだと決めるよりほかないであろう。

公的なものと国家

公衆とは何かという質問に対しては多くの解答がある。だが不幸なことに、その多くはただ質問をくり返したものであるにすぎない。たとえば、われわれは公衆とは全体としての共同社会であると聞かされるのであり、「全体としての共同社会」は自明で他に説明を要しない現象と考えられている。しかし、全体としての共同社会は人間をさまざまに結びつける多様な結び目を含んでいるだけではなく、ある統合された原則によるあらゆる要素の組織化をも含んでいる。そしてこれこそまさしくわれわれが探し求めているものなのである。なぜすべてを包括し、規制するような統一性を持った何ものかが存在しなければならないのであろうか。もしわれわれがこのようなものの存在を仮定するとすれば、それに答えうる唯一のしくみは普遍的な人間性であって、歴史が諸国家という形で示してくれる個々の事柄でないことはたしかである。結合させる力に固有の普遍性がともなうという観念は、多数の国家が存在するという明白な事実、つまり個々の国家は地域ごとに特色を帯び、おのおの境界と限界とを持ち、かつ他の国家に対しては無関心と敵意さえ持っているという事実と、ただちに衝突せざるをえないのである。形而上学的、一元論的な政治哲学がこの事実に直面してなしうることは、せいぜいそれを無視することぐらいである。さもなければ、ヘーゲルと彼の追随者の場合のように、国家に関する神秘的な教義の持つ欠陥を補うために神秘的な歴史哲学が築きあげられることになる。つまり、普遍的精神は、その理性と意思とを客観化するための媒体として、一時的かつローカルな国々に次々とつかみかかるというわけである。

これらの考察はすでにのべたわれわれの命題、すなわち諸結果が直接それに関連をもった人々やその結合関係を越えたところに、ある重要なやり方で実現された場合、それら諸結果を認識することが公衆の源泉になるという命題、さらに、公衆の国家への組織化は、これら諸結果に配慮を加え、かつそれらを規制する特殊な代理機関を設けることによってもたらされるという命題をいっそう強化するものである。しかし、これらの考察はまた、現実の国家が、すでにのべてきたような機能を果たしているという特徴、さらには国家と呼ばれるべきものの徴表として役立つような特徴をみせているということをも示唆している。これらの特徴について検討することは、公衆の性質やその政治的組織化の課題を明らかにしてくれるであろうし、また私たちの理論を検証する上にも役立つであろう。

地理的拡がり

国家の性質を示す一つの徴表としてあげうるもっとも適切な特徴は、先にあげた点、つまり時間的かつ地理的局部性ということであろう。相互関係においてあまりに孤立化しているため、同一の公衆を成り立たせているとは言い難い結合関係があるのと同様に、その範囲があまりに狭く、かつ限定されたものであるため、ひとつの公衆を形成するとは言い難い結合関係もある。国家へと組織されうる公衆を発見するという課題の一部は、密接かつ親密でありすぎるものと、疎遠でかつ離れ離れでありすぎるものとの間に一線を画することである。直接的な接触、つまり面識的《フェイス・ツー・フェイス》関係は、その結果として、政治的組織化を必要とするにはあまりにも直接的であまりにも決定的な、利害の共同体、すなわち諸価値の共有を生みだす。ある家族の内部での結合関係は親密である。それらは直接的な面識と直接的な利害関係との問題である。いわゆる血縁が社会的結合の領域を画する上である役割を演ずるとしても、その大部分は共同行動の帰結を直接共有しているという事実に基礎をおいているのである。家庭内においてある人間がなしたことは他の人間に直接影響を及ぼし、その諸結果は即刻に、しかも親密なやり方で評価される。それらはいわゆる「家庭の事情」である。それら諸結果に配慮を加えるための特別な組織などは無用の長物である。ただ、その結合が、氏族内における家族の連合や、さらには部族内における氏族の連合にまで進展した場合にのみ、諸結果は間接的なものになり、それに配慮を加える特別な方策が必要とされるのである。近隣関係もその大部分は家族に典型的に示されるのと同じような結合関係の類型の上に築かれている。したがって、その規制のためには、特別な緊急事態に対応すべく、それらが生ずるたびに一時のまにあわせとして作られる慣習や処置で十分なのである。

ハドソンによってきわめて美しく描かれているウィルトシアのある村のことを思い出してみよう。「それぞれの家は人間の生活の中心であり、また鳥やけだものたちの生活の中心でもあって、しかも家々の中心はお互いに触れあっており、それらはちょうど手をつないだ子どもたちの列のように結びあっているのである。すべては一緒になってひとつの生き物のようになり、生き生きとしてひとつの心で動いている。それはちょうど大地の上に全身をのばし、体を休めて横たわっている色彩豊かな大蛇のようである。村のはずれの小屋に住む人が手に負えない木っ葉や木株を切り刻んでいて、たまたま重く鋭いおのを足に落してしまい、大怪我をしたと考えてみよう。もしそんなことがあれば、事故の知らせは口から口へと、一マイルも離れた村のもう一方の端まで飛ぶように伝わることであろう。村人たちはみんなすぐにこの事故のことを知るだけでなく、同時にこの災難にあった瞬間の仲間の村人のこと、鋭く光るおのが足元に落ちてきて、傷からは赤い血がほとばしったことをなまなましく思い浮べるだろう。そしてまた、まるで自分の足が傷ついたように感じ、その身体に衝撃が伝わるのを感じることだろう。同じようにして、あらゆる考えや感情は、ことばで伝えられない場合でも、自由に一方から他方へと伝達される。小さな孤立した共同社会のメンバーを結びあわせている同感と結束の力で、すべての人たちが仲間なのである。他の人々に奇妙と思われるような思考や感動にふけることなどは誰もできない。一人一人の気質、気分、見解といったものは、村全体のそれとまったく同じものなのである。」（W. H. Hudson, *Traveler in Little Things*, pp.110—12）このように親密な状態があれば、国家などはくだらないものである。

人間の歴史の長い期間にわたって、ことにオリエントでは、国家は、宗教的信仰のために膨脹して巨人のような姿になった遠隔の為政者たちが、家族と隣人関係の上に投げかける影以上のものではなかった。それは支配はするが、規制はしない。なぜなら、その支配は貢物と儀礼的な尊敬とを受けることに限られていたからである。諸義務は家族内部でのものであり、財産は家族によって所有されていた。年長者に対する個人的忠誠が政治的服従の位置を占めている。夫と妻、親と子、年上の子どもと年下の子ども、友人と友人などの間の関係が権威というものの生まれてくるきずなである。政治は道徳の一分枝ではなく、道徳の中に埋没していたのである。いっさいの徳義は子としての恭順さに要約される。悪をなすことは、祖先と一族との名誉を傷つけるがゆえに責められるべきことなのである。公職者は忌むべきものとしてしか知られていない。彼らに対して争いごとの解決を持ちこむのは不面目なことである。はるかへだたった神政的な国家をはかる価値の尺度は、その国家が何をしないかということにある。すなわち、国家の完成はそれが自然の推移と同一化することに見出されるのである。自然の推移にもとづいて、四季は規則正しくめぐり、その結果、太陽と雨との恵み深い支配のもとにある大地は収穫を生み出し、近隣の人々は平和に栄えてゆくことができるのである。密接かつ親密な関係にある近接者の集団は、包括的な全体社会の内部にあるひとつの社会的統一体ではない。それはほとんどすべての目的からみて社会そのものなのである。

もう一方の極限には、川、海、山などによって、また見知らぬ言語や神などによって相互に隔てられているため、ある社会集団が行なったことが――戦争の場合を除いては――他にとって認知しうる結果を及ぼさないような諸社会集団がある。したがって、これらの諸社会集団の間には共通の利益も公的なものもなく、また包括的な国家が存在する必要もないし、可能性もないのである。国家の多数性は、普遍的かつ顕著な現象であって、広く一般に当然とされていることである。それについては説明を必要としないように思われる。しかし、すでにみてきたように、この問題はある種の理論に対しては解決し難い難問を提起するのである。すなわち、これらの理論にとっては、国家の基礎であると主張されている共通の意思と理性とに珍奇な限界でも設けないかぎり、この難問を克服することはできないのである。控え目に考えても、普遍的理性が山脈を横切ることができなかったり、客観的意思が川の流れによってさまたげられたりするのは奇妙なことという他はない。他の多くの理論にとっては、困難がそれほど大きいということはない。しかし、諸結果の認識を決定的な要因とする理論のみが、多数の国家という事実のうちに、みずからの理論を確証する特色を発見しうるのである。いいかえれば、協働的な行動の諸結果が伝播することに対する障壁となるものは、それがたとえ何であれ、まさにその事実によって政治的境界を設定するようにはたらくのである。この説明は、説明されるべき事柄があたりまえのことであるのと同様に、あたりまえのことなのである。

国家の多様性

このように考えてみると、限定され、閉鎖的でかつ親密な集団と、相互にあまりに疎遠な関係にあるためごくまれに偶然的な接触しか持たないような集団という両極の間のどこかに、国家の領域があるといえよう。われわれははっきりとして固定的な境界線を見出せはしないし、またそれを期待すべきでもない。村落共同体や隣人関係も、目に見えぬほどわずかずつではあるが、しだいに政治的な公衆へと変化する。種々な国家が、連合関係や同盟関係を通じて、国家としての特徴を何ほどか備えた、より大規模な全体性へと移行することもありうるであろう。このような状態は、すでにのべた理論によって予期しえたのであるが、それは歴史的事実によっても確証されているのである。国家と社会的結合の他の諸形態とを区別する線が揺れ動き変化するということは、ある種の国家理論、つまり国家の概念をはっきりと限定していると同じように、その具体的な対応部分としてもはっきりと限定された何ものかを含んでいるような国家理論にとっての障害物となる。だが、経験的な諸結果という基礎に立って考えれば、それはまさに生ずべき種類の事柄なのである。たとえば、政治的支配はただ徴税と徴兵との強制にしかみられず、国家ということばは使われるとしても、公衆の特徴的な徴表は存在しないということできわだっているような、征服によって生まれた帝国がある。また、共通の祖先をもっているという擬制がきわめて重要な要因であって、家族の神と信仰とが共同体の神、聖地、および礼拝によって置きかえられている、古代ギリシャの都市国家のような政治的共同体もある。このような国家においては、家族の持つ生き生きとして敏速な接触から生ずる親密さが保持される一方で、多様で、より自由で、より充実した生活という変化に富んだ刺戟がつけ加えられるのであり、しかもその影響がきわめて大きな比重を持つため、それと比較してみれば、隣人同士の生活は偏狭で、家族内での生活は退屈なものとみられるようになってくるのである。

国家がとる形態の多様性とそのたえざる変容ということは、独立した国家が数的にさまざまであることと同様に、すでに提案されている仮説にもとづけば理解しうるものである。関連しあう行動の諸結果は、その質と範囲とにおいて、「物質文明」の変化、とくに原料や加工製品の交換にみられる変化、またなかんずくテクノロジィ、すなわち道具、武器、それに日常用具などにおける変化に応じて異なるのである。そして、これらの変化はまた、交通、輸送、連絡などの諸手段についての発明によって、直接に影響されるのである。羊や牛の群の番をすることで生活している人々は、馬に乗って自由に走りまわる人々とははなはだしく異なった条件にみずからを適応させる。したがって、遊牧生活の一方の形態は通常平和的であるが、他方の形態は好戦的となるのである。大雑把にいえば、道具や用具が仕事を決定し、仕事は協働的な活動の諸結果を決定する。そしてそれらは、諸結果を決定することで、異なった利害関心を持つ諸公衆を設定し、その利害関心がまた諸結果に配慮を加えるための政治的行動に異なった型を生じさせるのである。

ところで、政治的諸形態は統一されているよりはむしろ多様であることの方が一般的であるという事実にもかかわらず、原型的な実在としての「国家」を信ずる態度が政治哲学や政治科学の中に生き続けている。本質とか固有の性質とかいうものを組み立て、それにもとづいてある特定の結合関係に国家なるものという概念を適用しうることの根拠づけをしようとして、多くの弁証法的な工夫がこらされてきた。さらには、この形態学的な典型からのあらゆる逸脱をうまく言い抜けるために、また、(お好みの策略なのであるが)この明確な本質への近接度に応じて国家を階層的な価値序列に格づけするために、同様の工夫がこらされてきた。そして、ある国家をよいあるいは真の国家にするようなモデルが存在するという観念は、理論面だけではなく実際面にも影響を及ぼしてきたのである。無造作に憲法を作り、それを既製のものとして民衆に押しつけようとする考え方に対して、何よりも責任を負わなければならないのはこの観念なのである。不幸なことに、このような観点が誤りであるということが認められると、今度はその代わりに国家は作られるのではなくて「成長」ないし発展するのだという観念が生まれてきた。この「成長」というのは、たんに国家は変化するということを意味するものではなかった。成長とは、ある本質的な力ないし原理のゆえに、一定の段階を経て、すでに予定された終末へと向う進化を意味していた。しかも、この理論は政治形態の変更に方向を与えうるであろう唯一の方法、すなわち諸結果を判断するための知性の使用にたよることを奨励しようとはしなかった。この理論は、それがとって代わった〔国家のモデルを想定する〕理論と同じように、「国家」というものを本質的でかつ真のものと定義する基準となるような、一つの標準的な形態の存在を前提としていた。自然科学からの誤った類推にもとづいて、国家の発展過程にこのような統一性を仮定することのみが、社会を「科学的に」あつかうことを可能にすると主張された。さらに、これらのことに付随して、この理論は、政治的に「進んでいる」諸国民が、自分たちは進化の頂点にきわめて近い所におり、純正の国家という王冠を戴くまでになっているのだと独断的に自負するのにおもねっていたのである。

　これに対して、すでに提示した仮説は、政治形態と機構とにおける変化を一貫して経験的ないし歴史的にとりあつかうことを可能にするのであり、また、ある「真の」国家というものが——たとえそれが熟慮にもとづいて考えられたものであれ、あるいはそれ自体の内部法則による進化として考えられたものであれ——、仮定される時には避けることのできない概念の僭越な支配から解放されることを可能にするのである。すなわち、非政治的な国内問題である産業やテクノロジィ上のできごと、さらにはまた国外との問題である借款、旅行、移民、探検、それに戦争などのできごとが政治の領域に入りこんでくると、既存の結合関係の生む諸結果は、新しい機関や機能が必要とされるほどの修正をうける。また、政治の諸形態はもっと間接的な種類の変化からも影響を受ける。たとえば、よりすぐれた思考方法の発展は、より粗野な知的道具を用いていた時には視野から隠されていた諸結果を明るみに出すのである。さらに、鋭敏になった知的洞察力は新しい政治装置の発明をも可能にする。実際のところ、科学はこれまで大きな役割を果たしてはこなかった。しかし、政治家と政治理論家の直観は、しばしば、立法と行政とに新しい転機がもたらされるようなやり方で、社会的諸力の作用に影響を及ぼしてきたのである。政治体には、有機体の場合と同様に、許容の限界というものがある。したがって、いかなる意味でも必然的とはいえないような方策は、それがひとたび取り入れられたのちに、政治体に適応させられるのであり、それによって政治上のさまざまな手法には、なおいっそうの多様性が導き入れられるのである。

約言すれば、諸行為の間接的な諸結果が、広範かつ継続的であることの認識によって公衆が形成されるとする仮説は、諸国家の相対性について説明しうるのであり、これに対して、諸国家を特定の原因となる根源によって定義しようとする諸理論は、事実と矛盾する絶対性を内包しているのである。「比較の方法」を用いることにより、古代国家にも、現代国家にも、また東洋の国家にも、西洋の国家にもひとしく共通するところの構造を見出そうとする試みは、労力をはなはだしく浪費してきた。国家に伴っている唯一の常数は、関連しあう行動の錯雑な間接的拡大や放射の帰結として生ずる諸利害に、配慮を加え、かつそれを規制するという機能なのである。

諸結果の広がり

それゆえ、われわれは、政治的組織の第一の特色はそれが時代や地域によって様々なことであり、このような多様性について分析した場合には、われわれの理論に確固たる検証結果が与えられると結論するのである。政治的組織の第二の特色であり、その証拠となるのは、関連しあう諸行動の帰結の量的な広がりが組織化の必要性を持った公衆を生み出すという、他には説明のしようのない事実である。すでにのべたように、今日では公的な審理ないし判決に服すべき犯罪とされているものも、かつては私的な激発とされていたのであり、それは今日、他人に対する無礼な言動が占めるのと同じ地位を占めていたのである。相対的に私的なものから公的なものへの、少なくとも限定づきの公的なものから、より大きい公的なものへの移行についての興味深い局面は、イギリスにおける君主的秩序

(King's peace) の発展にみられる。十二世紀まで正義はおもに領主や州の裁判所、地区の裁判所などによってつかさどられていた。十分な数の臣下と領臣とを保有していた貴族は誰でも紛争を解決したし、刑罰を科した。君主の法廷と裁判官は、多数のうちのひとつにすぎず、おもに王家に直属する領臣、奴婢、財産および威信に関心を寄せていた。しかし、君主は自分らの収入を増加し、自分らの権力と威信とを拡大することを望んだ。さまざまな装置が発案され、君主の法廷の管轄権を拡げるための手段となる擬制が提案された。その方法とは、以前は地方の法廷により扱われていたさまざまな違法行為は、君主の秩序に対する違反であると主張することであった。君主の法廷が独占を獲得するまで、集権化の運動はつづけられたのである。この実例は重要なものである。王家の権力と利益とを増大させようとする欲求によって促された方策が、たんにその範囲を広げたということによって、非個人的な公的機能を果たすことになったのである。同じ種類の事柄は、個人的特権が正常な政治過程の中に組み入れられた時には、くり返し起きてきたのである。今日の生活でも、私企業という方式が、その量的拡大のゆえに、「公共の利益に影響を及ぼす」にいたった時には、そこには同じ種類の事柄が示されているのである。

これとは反対の例は、宗教的儀式および信仰が公的な領域から私的な領域へと移行したことのうちに示されている。その時代に支配的な考え方が、敬神と無信仰との諸結果は全共同社会に影響を及ぼすとしていた間は、宗教は必然的に公的な問題であった。しきたりとなった礼拝を良心的に固守することは最高の政治的重要性を持っていた。神々は部族の祖先であるか、あるいはその共同社会の建設者であった。神々が正しく認められた時には、神々は共同社会に繁栄をもたらしたし、もし神々のために熱心に心を向けないならば、神々は飢饉、悪疫、それに戦争における敗北などをもたらすことになった。宗教的な行為がこのように広範な諸結果を伴った時代には、寺院は当然にアゴラ〔古代ギリシャの集会に使われた広場〕やフォーラム〔古代ローマの集会に使われた広場〕のような公共的な建物であり、儀式は国家的な式典であり、僧侶は公職者であった。神政政治が消滅したのちも長期にわたって、神の奇蹟は政治的なおきてであった。不信心が流行していた時でさえ、宗教的儀式の無視という危険をおかそうとするものはほとんどいなかったのである。

敬神と信仰とを私的領域へと追いやった革命は、しばしば個人の良心とその権利の主張とが興隆したことに帰せられている。しかし、この興隆こそまさに説明されなければならない事柄である。それがあらゆる時代に潜在的な状態で存在し、ついに姿を現わすにいたったのだという想定は、できごとの順序を逆転させたものである。知的な面における、また人民の内部的構成と外部に対する関係とにおける社会的な変化が起こり、その結果、人々はもはや神に対する崇敬や不敬の態度を共同社会の福祉や不幸と結びつけようとはしなくなったのである。信仰と不信心とはなお重要な諸結果を伴ってはいたが、しかし今や、それは直接関係をもった人々の一時的な、あるいは永遠の幸福の問題に限定されると考えられるようになったのである。このように考えられることになっても、もし他の信仰が入りこんでくるようなことがあれば、宗教的迫害と非寛容とは、犯罪に対する組織的敵意と同じように、正当なものとされるし、不信心は公共の平和と福祉とに対するあらゆる脅威の中でも最も危険なものなのである。しかし、社会的な変化が生じ、それが共同社会の生活の新しい機能のひとつとして、私的良心と私的信条とを守る権利を徐々にもたらしたのである。

一般的にいって、知的な問題についての行動は、公的領域から私的領域へと移行してきた。この根底的な変化は、もちろん、生まれながらの神聖な私的権利という基礎の上に主張され、かつ正当化されてきた。しかし、もしこの理由が受けいれられるとすると、人類がかくも長い間この権利の存在をまったく知らずに生活してきたということは、宗教的信念という特殊な場合と同じように、まったく奇妙なことである。実際には、いかなることが進行したとしてもそれが外部に対して諸結果をもたらさない、意識の純粋に私的な領域という観念は、なによりもまず、政治上の、そして宗教上の制度の変化の所産である。だが、他の信念と同様に、それはひとたび確立されると政治的帰結をもたらしたのである。

知的な結論を出すにあたっては、個人的な判断と選択とがかなりの程度まで許されている時の方が、共同社会の諸利害により十分な配慮がなされるという観察は、社会的流動性と異質性とがテクノロジィや産業における発展と発明とをもたらし、また世俗的な営みが教会と国家との恐るべき敵手となるに及んではじめて可能になった観察なのである。しかも、そうなってもなお判断や信仰についての寛容は、大部分は消極的に肯定される問題である。われわれは寛容が積極的な社会的恩恵をもたらすという深い信念にもとづいてよりは、むしろ寛容が存在しない場合に生じるわるい諸結果を認識することによって、（ある限界内で）相互に干渉しあわないことに同意するのである。寛容のもたらす積極的な社会的恩恵という結果が広く認められるようにならないかぎりは、私的判断についてのいわゆる自然権の主張は、すでに存在している寛容の範囲を適度なものとして、幾分あてにならない程度に合理化するにとどまるであろう。クウ・クラックス・クラン〔Ku Klux Klan, 略して3Kともいう。一九一五年に米国生まれの白人新教徒たちによって結成された秘密結社。旧教徒、ユダヤ人、東洋人などをアメリカ文明の敵と称して排斥する運動をした〕があらわれたり、科学を規制しようとして立法活動が行なわれたりすることは、思想の自由についての信念が、なお皮相なものにとどまっていることを示しているといえよう。

もし私が歯科医や医師の診察予約をとりつけるとすれば、このトランザクションは基本的には医師と私との間のものである。影響を受けるのは私の健康であり、また医師の札入れ、それに手腕や評判などである。しかし、このような専門職業の行使は非常に広範囲にわたる諸結果をもたらすので、この職業に従事するものの試験と認可とは公共の事柄となるのである。ジョン・スミスという男が不動産を売買するとする。このトランザクションは、彼自身と誰か他の人間とによって行なわれる。しかしながら、土地は社会にとって非常に重要なものであり、したがって私的なトランザクションも法的な規制によって束縛される。すなわち、譲渡と所有との証明が、公的に規定された形で公職者により記録されなければならない。また、配偶者の選択と性的結合の行為は本質的に個人的なものである。しかし、この行為は共同社会を永続させる手段である子女をもうけるための条件である。したがって、その結合を法的なものにし、またその結合の法律的な終結を明示するために必要な形式的手段のうちに公共の利益が表現されることになるのである。一言でいえば、トランザクションの諸結果は、それに直接従事する人々を越えて多数のものに及ぼされるのである。しばしば、社会主義的な国家においては、婚姻の成立と解消とは公的な側面をもたなくなるであろうと考えられている。そして、それはありうることではあろう。しかし、このような国家の方が現存の共同社会よりも男女の結合の諸結果により敏感になり、子どもに関してだけではなく、結合自体の幸福やその安定性に関してまで気を配るということもまたありうることであろう。その場合には、ある種の規制は緩和されるであろうが、結婚の前提条件としての健康、経済的能力、心理的適性などに関しては厳格な規制が課せられることになるであろう。

いかなる人間も、その遂行する行為のあらゆる結果を勘定に入れるわけにはいかない。それゆえ一般には、彼の注意と見通しとをいわば明確に自分自身の仕事である事柄に限定することが必要なのである。もし一般的な規則が存在しない場合には、これから行なおうと企てていることの成行きについて、あまりにも遠くまで見通そうとするものは、やがて絶望的に錯綜した考え方の混乱へとおちこんでしまうであろう。それゆえ、きわめて広い視野を持った人でさえも、どこかに境界線をひかなければならず、しかもそれはいずれにしろ、自分自身と密接に関係した人々とかかわりのある事柄の中にひかざるをえないのである。そして、何らかの客観的な規制が欠けている場合には、無理のない程度に彼が確信しうるのは、これらの人々に対する効果だけである。利己主義と呼ばれているものの大部分は、観察と想像とを限定したことの結果にすぎないのである。この点からして、諸結果が多数の人々にかかわる場合には、これらの人々はきわめて間接的に問題にまきこまれるのであるから、行為をなす人間は、彼らがどのような影響を蒙るのかを予想することは容易にできないのであり、またそれゆえに、そこに介在する多数の人々はひとつの公衆になるのである。それは、たんに多数の者の観察を結合すれば、単一の人間のそれよりも多くの場所をおおうということだけではない。それはむしろ、公衆自身があらゆる結果を見通し判断することは不可能であるから、諸行為が定められた限界内に留められ、そのかぎりにおいて適当に予測しうる諸結果が生ずるように、ある種の堤防と水路とを築き上げるということなのである。

法は命令ではない

それゆえ、国家の規制や法が命令と考えられる時には、それは誤解をされていることになる。コモン・ローや成文法についての「命令」理論というものは、実際には、国家をそれに先行する原因によって説明しようとする、すでに批判を加えてきた諸理論、とくに「意思」が国家を生み出す原因的な力であるとする理論の弁証法的な結果なのである。もしある意思が国家の起源であるとすれば、その時には国家の行動は、国家の意思によって臣民の意思に課された指示や禁止の中に表現されることになる。しかしそうなれば、おそかれ早かれ、命令を発する意思を正当化することについての疑問が生じてくる。なぜ支配者の意思が他の者の意思よりも権威を持つのであるか、またなぜ他の者はこれに服従しなければならないのかといったことである。論理的な結論は、服従の基礎は究極的には優越した力にあるということである。しかし、この結論は明らかに、優越した力がどこにあるのかを調べるため、いろいろな力についての吟味へと導くことになる。実際には権威の観念が廃棄され、力の観念が代位しているのである。これに代わる弁証法的な結論は、問題になっている意思は、いかなる私的意思ないし私的意思の総和をも超越した何ものか、つまりすべてを支配する「一般意思」のようなものであるということである。この結論はルソーによってひき出され、ドイツ形而上学の影響のもとに神秘的、超越的な絶対意思という教条に組み立てられたのであるが、それは結局のところ、絶対理性と同一視されたという理由によってのみ力の別名ではないというにすぎないのである。これらの結論のどれかから免れる道は、原因となる根源という理論を放棄して、広く行き渡っている諸結果にもとづいた理論、つまり諸結果が認知された時にはひとつの共通利益が生じ、それに配慮を加えるための特殊な機関が必要とされるという理論を採用することなのである。

法的規制とは、実際には、人々が相互に取り決めをなす条件を設定することである。法的規制は行動に方向性を与えるしくみなのである。それはただ、河の流れをさえぎる堤防というような意味でのみ実際的な力であり、また堤防が流れを変えさせるという意味でのみ命令であるにすぎない。もし諸個人が相互に合意に達するための確定された条件がないとすれば、いかなる合意も、あいまいな不鮮明さのうちに終わってしまうか、あるいは微に入り細にわたらなければならないため、扱いにくく、身動きがとれなくなってしまうかのどちらかであろう。さらに、それぞれの合意は他のどれともあまりにかけ離れているため、あるひとつの取り決めによって、他のものから生ずるかもしれない諸結果を推定することはできないであろう。法的規制は、ある合意がそれが満たされることで契約となるためのある種の条件を示している。それによって、合意の諸条項は制御しうる限界内に流しこまれるのであり、またある合意をもっと一般化したり、そこから他の合意を予測したりすることも可能になるのである。ある種の性急な理論だけが、法的規制には合意はかくかくの形でなさるべしという命令が含まれているのだなどという主張へと導くのである（裁判官は法的規制を作り出す。「意思」理論によれば、これは立法機能の侵害である。だが裁判官は行為の諸条件をいっそう明確にするのであるとすればそれは侵害ではない）。実際に起こっているのは、もし人が設定された条件に従うならば、彼は一定の諸結果を勘定に入れることができるし、もし従わないならば、諸結果を予見することはできないというような具合に、ある種の条件が定められているということなのである。もし運を天に任せて事を運ぶならば、すべてのトランザクションが無効となって自分の損失に終わるような危険をおかすことになるのである。刑事法の「禁止条項」でさえも、これと異なった仕方で解釈するべき理由はない。この場合には、それらが侵害されたり、違背されたりした場合に、招来されるであろう諸結果についての条件が述べられているのである。水の流れが堤防を破った場合に生じるであろう望ましくない結果というものを、これと同じような仕方で述べることもできる。もし水の流れというものがこれらの諸結果を予見し、その予見によって行動を決定する能力を持っているとすれば、比喩的には、堤防が禁止命令を発していると解釈することもできるであろう。

法と合理性

このような説明はまた、次のような二つのまったく異なった考察をも説明してくれる。すなわち、法には多くの恣意的で偶発的な要素があるということと、法がもっともらしく理性と同一視されるということである。一方では、諸結果がある固有な原則によってまさにかくかくであるべきだと確定されることよりも、それらがある仕方で明確に限定されていることに第一義的な重要性があるようなトランザクションというものが数多くある。別のいい方をすれば、この場合には、決められた条件によりどんな結果が定まるかということはある限度内ではたいした問題ではなく、諸結果が十分に確実であって予測可能であることが重要なのである。数多くの規則の中でも交通法規はこの典型的なものである。他人の住居への不法侵入がいっそう重い罰を受けるようになる正確な時刻を、日没時あるいは一定の時刻と決めるということもこれと同じである。他方では、法的規制は合理的であるからこそ、その源泉と起源として、ヒュームによって指摘されたような理由にもとづいて、

「理性」がもちだされるのである（『人性論』第二部、七章）。人間は自然のままでは近視眼的であり、この傾向は欲望と熱情との影響によって増大し、人を誤らせる。これに対して、「法」は直接的ではなく長期間にわたる諸結果を定式化する。したがって、それは、自然のままでは直接的な欲求と利害とが決断に及ぼす大きな影響に対する、濃縮された有効な抑制としてはたらくのである。法とは、もしそれがない場合には、ある人間が自分自身の見通しで、しかもその見通しが完全に合理的である場合にしかできないことを、彼に代わって行なう手段である。なぜなら、法は、そのきっかけとしてはある特殊な行為のゆえに制定されたものであるかもしれないが、他の起こりうる無限に多様な行為をも考慮して定式化されたものだからである。それは必然的に一般化である。なぜなら、それはある種、の、事実から生ずる予測可能な諸結果に関して包括的だからである。もし、ある特殊な場合のできごとが法的規制の内容に過度の影響を及ぼした場合には、それはまもなく、明示的にかあるいは無視されることによって廃棄されるであろう。この理論によれば、「理性の体現されたもの」としての法は、意図されたものを確保するためにとられた行動に含まれる手段と手続との定式的一般化を意味するのである。理性はひとつの機能を表現しているのであって、原因的な起源を示すものではない。法が合理的であるというのは、自分が望ましいとみなす目的を達成するのに適当な条件を選択し配置するひとが、思慮深いひとであるのと同じである。「理性」が法を生み出すと考えている、ある最近の著述家は次のようにいっている。すなわち、「負債は時間が経過したからといって、道理の上では負債であることをやめはしない。しかし、法律はある期限を定めている。権利の侵害は、それが無限にくり返されたからといって、道理の上では権利の侵害であることをやめはしない。しかし、法は権利の侵害があっても抗議がなされなければ、その侵害はついには権利の地位を占めることを認める傾向を示している。時間、距離、それに機会などは純粋理性にとっては無関係である。しかし、それらは法的秩序の中でそれぞれの役割を果しているのである。」（ホッキング『人と国家』p.51）と。だが、もし合理性とは諸結果に対する手段の適合性の問題であるとするなら、時間と距離とは大きな比重を与えられるべき事柄である。なぜなら、それらは諸結果に対しても、また諸結果を予見し、それらにもとづいて行為する能力に対しても影響を及ぼすからである。実際に、私たちは法が内包しているこの種の合理性の卓越した例証として、期限《リミテーション》に関する実定法を選ぶこともできたはずである。だがもし、理性が「純粋なもの」と、すなわち形式論理の上の問題とみなされる場合には、ここにあげられた例は理性の限界《リミテーション》を示すことになるのである。

公衆と長期にわたって確立された行為の習慣

国家として組織された公衆の第三の特徴は、それが古くそれゆえに確固として根深いものとなっている行動の様式と関係しているということである。そして、この特徴もまたわれわれの仮説の検証となる。発明は、なんらかの人々が新しいものを作り出すために協力している時でさえも、すぐれて個人的な行為である。斬新な観念は単独の個人にしか生まれてこないような事柄である。新しい計画というものも、個人の主導のもとに企てられ、着手されるべきであるような事柄である。観念なり計画なりが新しければ新しいだけ、それは実際にすでに認められ、確立されているようなものとは離れているのである。ことの性質からしても、革新とは慣習からの離脱である。それゆえ、革新は抵抗に遭遇しやすいのである。われわれは確かに発見と発明の時代に生きている。そして、包括的にいえば、革新それ自体がひとつの慣習となってしまっている。想像力もそれになれっこになっており、それを期待してさえいる。斬新さが機械装置という形をとっている場合には、われわれはそれを歓迎する傾向にある。しかし、このことはこれまでの実情であったものからは遠くかけ離れている。これまでは何か新しいものの出現は、道具や用具のようなものでさえも、疑惑をもって眺められ、敵意をもって迎えられるのがきまりだったのである。なぜなら、革新は逸脱であり、それに付随して、私たちが習熟し、「自然」にさえみえている行動の上に予測し難い混乱をもたらすからである。最近のある著述家がはっきりと示してくれたように、諸発明は知らぬ間にその道を歩んできた。そして、それが可能だったのは諸発明のもたらす直接的な便益のためである。もし発明が行動の習慣を変える効果、それが長期的な見通しにおいてもたらす結果などが予見されたとすれば、ちょうど諸発明の多くが冒瀆的であると思われたがため採用を遅らされたと同じように、そのほとんどが邪悪なものとして破壊されてしまったであろうと主張しても間違いのないところである（エイヤーズ『科学——偽りの救済者』第四章「機械の魅惑」）。いずれにせよ、私たちはこれらの発明が、国家の仕事であると考えることはできない（ひとつの明らかな例外は、戦争に用いる兵器についてである。国家が、他の諸発明に関しては不承不承で、引っ込み思案の態度しか示さなかったのとは対照的に、兵器については貪欲な態度を示したことがしばしばあった）。

新しいものに対する恐怖

組織された共同社会は、技術的な、あるいは科学技術的な性質をもたない新しい観念に関しては、なおにえきらない態度をみせている。それらは社会的行動を混乱させると感じられているのである。そして、古くかつ確立された行動が問題になるかぎりはまさしくそうなのである。ほとんどの人々は自分たちの信条についての習慣や、はっきりとした行動の習慣が不安定にさせられることに反対する。新しい観念は受け容れられている信条を動揺させるものである。そうでなければ、それは新しい観念とはいえないであろう。このことは、新しい観念を生み出すことは、すぐれて私的な仕事であるということをいおうとするにすぎない。これまで存在してきた諸国家から判断して、私たちが国家に要求しうるのはせいぜいのところ、国家が不当な干渉を加えずに私的個人の生み出したものを容認することぐらいである。やがては、新しい諸観念や新しい思考様式を生み出したり、流布したりすることを組織化するような国家が存在するようになるかもしれない。しかし、このような国家というものは信仰の問題であって、見通しの問題ではない。もしこのようなことが生ずるとすれば、それは新しい諸観念のもたらす有益な諸結果というものが広く信じられ、また評価されるようになったからであろう。実際には、今日でも国家は私的個人が発見や発明に有効に従事しようとする場合に必要な、保障のための諸条件を提供しているといってもよいであろう。しかし、このサーヴィスはひとつの副産物なのであり、それは問題になっている諸条件が公衆によって保持されている理由とは無関係なのである。そしてまた、公衆の関心の基礎になっている状況というものが、技術的な方向以外で問題を考えるためにはいかに不向きであるかということを考えれば、このサーヴィスはそれだけ割り引いて考えられなければならないであろう。いずれにせよ、いかにほめてみても公衆が国家と呼ばれているのであるとすれば、公衆がその平均的構成員の知的水準以上に上昇することを期待するのは馬鹿げたことである。

しかしながら、ある行動の様式が古くかつ親しみのあるものとなり、またある手段が当然のこととして用いられるようになった時には、もしそれが他の慣習的な営みにとっても欠くべからざるものであるかぎりは、それらは国家の視野の中に入ってくる傾向にある。個々の人が森の中に自分の通る小道を作ることはその人の勝手であるが、街道を作るということになれば、それは通常は公的な問題である。誰でも勝手に使用してかまわない道というものがなければ、人間というものは寂しい無人島においてきぼりにされたのとほとんど同じであろう。移動と伝達との諸手段は、それらを使用する人々に対してだけではなく、生産者としてであれ、あるいは消費者としてであれ、何らかの点で輸送されるものに依存しているすべての人々に影響を及ぼすのである。容易かつ迅速な相互交通が増加することは、生産がますます遠隔地の市場のために行なわれ、したがってまた大量生産を誘発することを意味している。それゆえ、街道と同様に鉄道も公職者によって管理されるべきではないのかということが議論の的になるのであり、またいずれにせよ、街道や鉄道が社会生活の動かし難い基盤となるのに応じてある程度の公的な規制策がもうけられるのである。

古くかつ画一化された方向で確立されているものを国家の規制のもとに置こうとする傾向は、心理的な支持を得ている。習慣というものは筋肉のエネルギーだけではなく知的なエネルギーをも節約してくれる。それは手段について考えることから精神を解放し、それによって、新しい条件と目的とについて考えることを容易にする。その上、確立された習慣に干渉することは容易でもないし、また反感を買うことにもなる。どんなことであろうと規則正しく生起するような事柄に注意を払うことから解放されることの効率性は、やっかいなことからは免れたいという情動的な傾向によっても強められるのである。この点からして、高度に標準化され、規格化された諸活動は公衆の代表者たちにゆだねるという一般的な傾向が見られるのである。時がくれば、鉄道だけではなく、現在の機械による生産というやり方についても、その操作と管理とが日常的なくりかえしになり、その結果企業家たちは公有に反対するどころか、自分のエネルギーをもっと斬新で変化に富み、危険と利得との機会にも恵まれた事柄に集中しようとして、公有を要求するようになるということもありえないことではない。あるいはまた、原則的には私有財産制の維持されている体制のもとにあるとしても、彼らが公道の管理をひきうけたがらないのと同じように、日常的なくりかえしになった経営にわずらわされることを望まなくなるということも考えられることである。今日でさえも、商品生産の機構を公衆が管理するという問題は、「個人主義」対「社会主義」などという大袈裟なことであるよりは、むしろ経営の中にみられる実験的かつ革新的なものと習慣的で当然とされているものとの間の割合の問題であり、あるいはまた、他の事柄の条件として当然とされているものとそれ自体の作用が重要であるようなものとの間の割合の問題である。

取り返しのつかない諸結果

公衆というものの第四の特徴は、子どもやその他の要扶養者（たとえば精神障害者や永久的無能力者など）はとくに公衆の保護のもとに置かれるべきであるという観念に示されている。あるトランザクションに巻き込まれている当事者たちが不平等な状態におかれている時には、その関係は一方的なものとなりがちであり、一方の側の利益が侵されやすい。もしその諸結果が重大なものであり、とくにそれらが取り返しがつかないほどのものであると思われる場合には、公衆は条件を平等化するような負担を負うのである。立法者たちは、成人の労働時間よりも児童のそれを、あるいは男子の労働時間よりも女子のそれを進んで規制しようとする。一般的にいって、労働立法は、それが契約の自由を侵害するという非難に対しては、取り決めにさいして両当事者の経済的資力が非常に異なっているため、真正な契約を結ぶ条件などは存在しないという理由で正当化される。すなわち、国家による行為というものは取り引きが可能になるようなひとつの水準を作るために導き入れられるのである。しかしながら、労働組合は、団体交渉を確保するための自発的団結の方が、労働者の積極的参加なしになされる行為よりも関係者にとってよりよいものだという理由で、しばしばこのような「温情主義的」立法に反対する。温情主義は、それにより保護される人々に自立を促す刺戟を与えず、彼らを永久に子どもの地位にとどめてしまう傾向を持つという一般的な反対論も同じ基礎の上に立っている。だが、ここでの見解の相違は、地位の不平等の結果として公衆の干渉が必要とされるようになるであろうという原則に関してではなくて、平等を確保し、保持するための最上の手段は何かということに関してなのである。

またここに、児童は第一義的には家族の保護のもとにおかれているという事実にもかかわらず、児童の教育は本来的に国家の義務であるとみなされるようになってきたという確実な傾向がある。けだし、教育が実りある成果を生むことが可能なのは児童期であり、もしこの時期が利用されないならば、その諸結果は取り返しのつかないことになる。この時期をおろそかにすれば、もはやのちになって埋め合わすことはほとんどできないのである。それゆえ、教化と訓育とのある種の方策が社会全体に有意義な結果をもたらすとみなされる程度に応じて、子どもとの関係において両親の行動に影響を及ぼすような諸規制が規定され、また就学児童の親ではない人々には、学校を維持するために——ハーバート・スペンサーはこれに反対するが、それにもかかわらず——税が課されるのである。さらには、危険度の高い機械が置かれていたり、不衛生な状態を呈しやすいような工場で安全設備を無視すれば、その諸結果はきわめて重大で、償い難いものとなるので、現代の公衆は安全と健康との保持に役立つような条件を確保するために介入するようになってきたのである。政府の援助のもとで、病気や老年期に対する保険を確立しようとする運動も同じ原則を例証している。最低賃金について公的な規制をすることはなお争われている問題であるが、これに賛成する論議はすでにのべてきた基準に訴えている。これについての実質的な論拠は、生活可能な賃金というものは社会に対して間接的ではあるが重大な結果を及ぼす問題であり、また、目前の必要性がトランザクションの一方の当事者から有利に取り引きをする能力を奪うという事実からしても、問題を直接関係している両当事者に委ねておくことは安全でありえないというものなのである。

これまで述べてきたことには、あれやこれやの結果を確保するために、あらかじめ決められた仕方で適用されるべき基準を設定しようというような企てはまったく含まれていない。われわれは、国家の行為というものが将来とるであろう特殊な形態を予言するなどということに関心をもってはいない。われわれはただ、私的な行為と区別された公的な行為を特徴づけるようなしるしを指摘してきたのである。個人ないし集団の間のトランザクションは、その間接的な諸結果——すなわち、それに直接従事する人々を越えて及ぼされる効果――が重要なものである時、ひとつの公衆を生み出すことになる。この重要性という観念にはあいまいさがある。しかし、少なくともわれわれはそうした重要性を作り上げるにいたるいくつかの要因、すなわち、諸結果が空間的にせよ時間的にせよ広範囲に及ぶという特徴、諸結果が固定化され、画一化され、くり返されるという性質、さらにはまた、その結果が取り返しのつかないことになる点などを指摘してきた。これらの事柄は、どのひとつをとってみても、程度の問題を含んでいる。すなわち、その利害がきわめて重要な意義を持つために特別な機関や政府の公務員によって保護され管理されなければならない公衆というものが、ちょうど、どのへんから存在するようになるのかということを、高潮によって残された線のように、疑問の余地なくはっきりと示してくれる明瞭な境界線などは存在しないのである。それゆえ、そこにはしばしば論争の余地が残されている。私的な意思と管理とにゆだねられている行為と、国家によって規制されている行為との間の境界線は、実験的に見つけ出されなければならないのである。

時間的・空間的環境にともなう国家機能の変化

のちに検討するように、時間や場所が異なれば、境界線も非常に異なって引かれるようになるのはなぜかということを説明しうる理由はある。公衆は行為の諸結果と諸結果についての認識とに依存するものであり、また公衆の国家への組織化は、特別な手段を発見し、かつそれを援用する能力に依存しているという事実そのものが、公衆と政治上の諸制度とは、時代によりまた場所によって、いかにその相違が大きいか、またそれはなぜであるかを示しているのである。一方における個人と他方における国家についての、本質的な限界というア・プリオリな概念が、一挙にしてよい結果をもたらすと考えることは馬鹿げている。もし、国家が不変の原因的作用因によって形成されているなら当然考えられるように、一定不変の性質を持っているとすれば、あるいはまた、もし諸個人が結合関係の諸条件から独立した、永久不変の性質を持っているとすれば、個人と国家との活動領域を最終的かつ完全に区画することが、その論理的な結論としてひき出されるはずである。したがって、このような理論が実際的な解決に到達するのに失敗しているということは、活動の諸結果を本質的な事柄として強調する理論の正しさをいっそう確証するものなのである。

国家と政府

最後にわれわれは、公衆、政府、国家という三者の相互関係について暗にほのめかしてきたことをはっきりとさせよう（ここで、完全に理解されるべきでありながら、本文の中では軽く扱われている用語の限定を明らかにするのが便宜であろう。「政府」と「公職者」ということばは、機能的に用いられているのであって、われわれにとってあまりに身近なものであるため、これらのことばが用いられる時いつも目に映るようなある特別な構造を意味するものではない。機能的な意味でのこの二つのことばは、われわれがたとえば大英帝国の、あるいは合衆国の政府と公職者とについて語る時に意味するものよりもはるかに広い意味を持っている。たとえば、家族内においても通常規則と「長」とが存在してきたし、両親、それもたいていの目的については父親が、家族の利害のための公職者であった。「家父長制的家族」は、その家族が他の諸社会形態から比較的に孤立しているために、他のあらゆる家族ではより低い程度にしか存在していないものをきわだって強調する。同種の観察は公衆との関連における「国家」ということばの使用についても適合する。本文は現代の条件に関するものであるが、しかし提議されている仮説は一般的にも有効であるようにもくろまれたものである。それゆえ、国家とはまさに現代的制度であるというわかりきった反対論に対しては、現代的であるのは国家という名称で通っている構造の特性であるとしても、なおすべての歴史は、あるいはほとんどすべての歴史は類似の機能が働いてきたことを記録していると答えることになろう。その簡潔性のゆえに、「国家」ということばを、「政府」や「公職者」ということばと同じように自由に用いてきたけれども、どのようなことばが用いられるかにはかかわりなく、ここでの論議はこれらの機能とその作用形態とにかかわるものである）。この点についてはこれまで、二つの極端な見解があった。一方では、国家は政府と同一視されてきた。他方では、国家はそれ自体の必然的な存在理由を持つものであり、それゆえ、ちょうどひとが従者をやとって任務を授けてやるように、国家もまた政府を形作る一定の諸機関を形成し、かつ用いようとするのであるといわれている。後者の見解は、原因的な作用因という理論が援用される場合に適合することになる。すなわち、一般意思であれ、あるいは集合した諸個人の個々の意思であれ、なんらかの力が国家を生じさせる。ついで国家は二次的作用として国家の行為の媒体となるべき一定の人々を選ぶのである。このような理論は、国家は本来的に神聖であるという観念を保持するためにそれを受けいれようとする人々の援けとなる。歴史が無数に示しているような具体的な政治上の悪は、誤りやすく腐敗しやすい政府の責任に帰されてしまい、国家はその名誉を汚されることなく保つことになる。国家と政府とを同一視することは、人々の目を具体的で観察しうる事実に注がせるという利点がある。しかし、それは統治者と人民とを分けてしまうという説明し難い部分を含んでいるのである。もし政府がそれだけで独立して存在しているとすれば、政府はなぜ存在しなければならないのであろうか。また、政府の支配を可能にしている忠誠と服従という習慣はなぜ存続しなければならないのであろうか。

ところで、これまでに提起してきた仮説は、これら二つの考え方のどちらにもまつわりついている混乱からわれわれを解放してくれる。結合関係にある活動の継続的で、広範かつ重大な諸結果が公衆を生み出す。それ自体としては、公衆は組織化されておらず無定形である。公職者とその特殊な権力とによって、それは国家となる。代表としての公務員を通じて接合され機能する公衆が国家である。それゆえ、政府なしには国家はないが、また公衆なしには国家もないのである。公務員は依然として個別的な人間ではあるが、しかし彼らは新しい特別な権力を行使するのである。これらの権力は私的利益へと向けられることもあるであろう。その時、政府は腐敗し、恣意的なものとなる。故意の収賄や、例外的な権力を私的な栄光と利益とのために使うことなどはまったく別としても、精神の愚鈍さや行動の尊大さ、さらには階級的利益や階級的偏見への執着などはその地位によって強められるものである。「権力は毒薬である」ということばは、ワシントンの政治屋たちについてのもっともすぐれた、もっとも鋭い、そしてもっとも経験に富んだ観察者のひとりがのべたものである。他方では、公職を占めることがある人間の視野を拡げ、その社会的関心を刺戟して、彼は政治家として自分の私的生活におけるとはまったく異なった特徴を示すということもありうるであろう。

しかし、公衆は公職者とその行動とによって、そしてそれらを通じてのみ、国家を形成するのであり、また公職的な地位を保持することは化体〔聖餐のパンとぶどう酒とがキリストの肉と血とに変ること〕の奇蹟をもたらすものではないから、政治行動の愚かさや誤りを目にしても、困惑したり失望したりすることはないのである。それどころか、このような観察のもとになっている事実が、たんに政治上の諸機関や方法が変わったにすぎないのに、そこからひきつづいて巨大な変革が起こることを期待するという誤った幻想からわれわれを守ってくれさえするであろう。こうした大変革は時折起こるものではあるが、しかしそれが起こるのは、社会の諸条件が新しい公衆を生み出すという形で、そのための道を準備してきたからなのである。国家は、すでに作用しつつある諸力に、行為をするためのはっきりした通路を与えることによって、それに対して形式的な刻印を押すにすぎないのである。それ自体で存在するものとしての「国家」、すなわち、一般意思と理性とを本性的に表現しているようなものとしての「国家」という概念は、この概念自体を幻想にひきわたすことになる。この概念は国家そのものと一つの政府とを鋭く区別するので、この理論の見地からすれば、政府は腐敗し、有害なものとなるかもしれないが、しかし国家そのものは、同じ考え方からしてその本質的な栄誉と尊厳とを保持することになるのである。また、公職者は手に負えぬほど高慢で愚鈍なものを意味するかもしれないが、それらの公職者が奉仕している国家の本性は本質的に損われることなく保持されるというわけである。しかし、公衆はその政府を通じて国家へと組織されるのであるから、国家のあり方はその公職者のあり方と同じである。公職者に対する市民のたえざる監視と批判とによってのみ、国家は完全性と有用性とを備えた状態に保たれるのである。

国家と社会

いくつかの問題点が明らかになったところで、論議をもう一度国家と社会との関係の問題に戻そう。ところで、諸結合関係に対する諸個人の関係という問題——それは時折個人そのものの社会に対する関係として持ち出されるが——は無意味である。それはちょうど、アルファベット一つ一つの文字のアルファベット全部に対する関係ということでひとつの問題を作るのに似ている。アルファベットは文字群であり、「社会」は相互に結合しあっている諸個人である。文字が相互に結合する形態は明らかに重要な事柄である。文字は結び合わされた時に単語や文章を形造るのであり、何らかの結合においてでなければどのような指示もしないし、またどのような意味も持たないのである。私はこのような命題が諸個人の問題についても文字通りに適合すると主張するわけではないが、しかし個々の人間は相互にたえず多様な結合関係を作って存在し、また行動しているということは否定できないであろう。これらの結合された行為やその諸結果のあり方は、個々の人間の外面的な習慣に影響を及ぼすだけでなく、情緒、欲求、計画、価値評価などにおける彼らの性向にも影響を及ぼすのである。

「社会」ということばは抽象名詞であるか、あるいは集合名詞であるかのいずれかでしかない。具体的には、無数の種類の社会、諸結合関係が異なった紐帯をもち、異なった利害関心を形成しつつ存在するのである。それらは、ギャングすなわち犯罪者集団であり、スポーツ、社交、食事などのためのクラブであり、科学上のあるいは専門職業上の組織であり、政党とその内部にある派閥であり、家族であり、宗教上の教派であり、合名会社や株式会社であり、その他リストのつづく限り現われるもろもろのものでありうる。結合関係にはローカルなものもあり、また全国的な規模のものやさらには国際的な規模のものもありうる。これら無限に重複した結合関係以外には、社会と呼ばれるべきひとつのものは存在しないのであるから、「社会」ということばに付着した無条件に称讃すべき意味内容などというものはまったく存在しないのである。ある社会は大体において是認されるべきものであり、またある社会は非難されるべきものであるといえるが、それはその社会に属している人々の性格や行動に影響を及ぼす諸結果のためであり、またその社会が他の社会に及ぼすより間接的な諸結果のゆえなのである。あらゆる社会は、すべての人間的な事物と同じく、質的に混和されたものであり、したがって「社会」とは批判的に、そして判別する態度で接近し判断されるべきものである。ある種の「社会化」——すなわち共同の行為への参加によって生ずる欲望、信条、作業などの反省的修正——というものは不可避である。しかしそれは、有能な研究者、博識な学者、創造的な芸術家あるいは善良な隣人などの形成の際に目につくことであるとともに、また浮薄で浪費的な、あるいは熱狂的で偏狭な、犯罪的な人間の形成に際してもみとめられることなのである。

われわれの注意を望ましい帰結だけに向けているならば、人間の結合関係によって生み出され、保持されているあらゆる価値を、国家の活動に帰せしめる理由はないように思われる。だが、無制約に物事を一般化し固定化しようとする精神の傾向が、同じように、社会を一元論的に固定化することへと導くのであり、それは、「社会」を本質的なものとして考えるということを超えて「国家」というものの壮麗な理想化を生み出してきたのである。ある学派の社会哲学者たちによると、通常いかなる種類の結合関係から生ずる価値もすべて、国家に帰せしめられる。当然のことながらその帰結は、国家を批判の外へ置くことになる。この結果、国家に対する反逆はひとつの許し難い社会的罪悪であると考えられるのである。国家の神格化は、ときには、スピノザやヘーゲルの場合のように、時代の特殊な要求に由来する。ときには、それは普遍的な意思と理性とについての根源的な信仰と、それからの帰結として、この絶対精神の外在化とみなされうるような経験的現象の発見が必要になることから生まれてくる。そして、国家の神格化が行なわれると、それがこんどは循環論法によって、絶対精神の存在の証拠として援用されるのである。私たちの議論が掛値なしにいおうとしているのは、国家というものは結合関係の、特色ある第二次的な形態であって、特定化しうる仕事をもっており、その活動のための特定の機関を持っているということなのである。

国家が存在するようになってのちは、ほとんどの国家が第一次集団に対して反作用を及ぼすということはまったく真である。国家がよい国家であり、また公務員たちが真に公共の利益に奉仕している時には、この反射的効果ははなはだ重要である。それは望ましい結合関係をより強固にし、より凝集させる。また、間接的にはそれらの結合関係の目標を明瞭にし、さらにはそれらの活動を純化する。それは有害な集団に対してはその影響を減らすようにつとめ、さらにはその寿命を短かいものにしようとする。これらのサーヴィスを達成することで、国家は価値ある結合関係の個々の成員には、より大きな自由と保障とを与えるのである。すなわち、国家は、もし彼らが個人的に対処しなければならないとすれば、消極的なものでしかありえない害悪に対する闘争において、全エネルギーを吸いとられてしまうであろうような妨害的な条件から、彼らを解放するのである。国家は、個々の成員が合理的な確実性をもって他の人々のすることをあてにできるようにしてやり、これによって相互に有用な協力関係をつくることを促進するのである。それは他人と自分自身とを尊重する気持を生み出す。ある国家が良い国家であるかどうかの尺度は、それが個人をどの程度まで消極的な闘争や、無用の紛争などという無駄から解放しているか、またそれが個人の企てることについてどの程度まで積極的な保証や応援を与えているかということなのである。これは偉大なサーヴィスであり、諸国家が歴史的に遂行してきた集団や個人の行動の改変について、承認することをためらう必要はまったくないのである。

しかし、この認識を、あらゆる結合関係を「国家」の中に、あるいはあらゆる社会的価値を政治的価値の中に独占的に吸収する考え方に変えてしまうことは正当ではない。すべてを含み込むような国家の性質というものは、ただ公務員たち（もちろん法の制定者をも含めて）が、いかなる形態の結合関係も機能するような条件を設定しようとして行動するであろうということを意味しているにすぎない。その包括的な性格というものは国家の行動がもつ影響力にのみ関係しているのである。たとえば、戦争は、地震と同じように、ある一定の領域内のあらゆる事象をその結果の中に「含みこむ」といってもよいが、この包括は戦争に本来備わっている性質とか権能とかによって起こるのではなく、戦争のもたらした影響として起こるのである。また、慈恵的な法は、一般的な経済的繁栄の条件と同じように、ある特定の地域のすべての利害関係に好ましい影響を及ぼすであろうが、しかしこの法が全体であり、影響を受ける事象はその部分だということはできない。また、公的な行為が人々の解放と確信の強化とに資するような帰結を生み出すとしても、その帰結が、他の結合関係との対比において、国家の全面的な理想化をもたらすと推定することもできない。なぜなら、国家の活動はしばしばこうした結合関係に対して害を及ぼすからである。国家のおもな職務のひとつは、戦争を行なうことであり、また異議を唱える少数者を抑圧することであった。その上、国家の行為は、たとえそれが恵み深いものである時でさえも、共同生活の非政治的形態に帰すべき諸価値を前提にしているのであり、そのような形態は公衆の代理機関を通して、公衆によって拡張され強化されるにすぎないのである。

多元論的理論

われわれが支持してきた仮説は、国家についての多元論的概念として知られているものと明らかな共通点を持っている。しかし、それはまた明らかな差異をも示している。われわれわれの多元的形態という理論はひとつの事実の記述である。すなわち、良い、あるいは悪い、さらには善悪とは無関係の多様な社会集団が存在するという事実である。それは国家の行動に固有な限界というものを規定する理論ではない。それは、各集団がそれぞれ固定化された行動範囲を持つのと同じように、国家の機能は国家以外の諸集団の間の争いを解決することに限定されると主張するものではない。もしそれが事実だとすれば、国家はひとつの集団の他の集団に対する侵害を防ぎ、かつ除去するための審判にすぎないであろう。また、われわれの仮説は、国家の活動がどこまで及びうるかという命題については、いかに一般的で包括的なものに対しても中立的である。それは、公的な行為のいかなる特殊な形態をも指し示してはいない。時には、ある人々の共同行動の諸結果によってある大きな公共の利益を保護する必要が生じ、それはただその集団内部での大規模な改造を含む諸条件の設定によってのみ達成されうるというようなこともありうる。国家におけると同じく、教会・労働組合・企業・あるいは家族制度などにも、固有の聖域といったものなどはないのである。それらのものの価値もまたそれらがもたらす諸結果によってはからなければならない。そして、諸結果は具体的条件に応じて変化する。したがって、ある時、ある場所においては、大規模な国家活動が必要とされるであろうし、他の時には無活動の政策、すなわち自由放任が必要とされるであろう。公衆と国家とが時間的・空間的条件に応じて変わるのと同じように、国家によって遂行されるべき具体的な機能も変化する。国家の機能を限定したり拡張したりする基準となる、国家に先行して設定できるような普遍的命題などは存在しない。国家の領域というのは、批判的に、また実験的に決定されるべきであるような事柄なのである。

目に見える行為におけると同じように、精神的な行為や道徳的な行為においても、それらの行為の中心は個々の人間である。人間はあらゆる種類の社会的影響力のもとにあり、それによって彼らが何を考え、計画し、また選択することができるかが決定される。社会的影響力の錯綜した流れは、各個人の意識と行為とにおいてのみはっきりとした単一の問題となる。公衆が創出される時にも、同一の法則が働いている。公衆は個人という媒体を通してのみ決定に到達し、合意を形成し、解決策を執行する。こうした諸個人が公務員である。彼らは「公衆」を代表するのであるが、その「公衆」は彼らを通してのみ行動する。わが国のような場合には、立法部と行政部の成員は公衆によって選挙されるといわれている。この成句は、「公衆」が行為するということを、示すように見えるかもしれない。しかし、結局は個々の男子や女子が選挙権を行使するのであり、ここでは公衆はそれぞれ匿名の一単位として投票する多数のひとびとを意味する集合的な名称なのである。もっとも、こうしたひとびともそれぞれひとりの市民＝投票者としてみれば、やはり公務員である。彼は、上院議員や保安官と同様に、公共の利益の一代表として自らの意思を表明する。彼の投票は、ある人の選出あるいはある提案された法の承認によって、私利を得たいという希望を表明しているかもしれない。いいかえれば、彼に信託された利益を代表するという努力を怠るかもしれない。しかし、この点では彼は表立って選任されて公職にある人々と異なりはしない。なぜなら、彼らも自らにゆだねられた利益を忠実に代表する代わりに、それを裏切ることがあるのはよく知られているところだからである。

公職者の私的および代表的役割

いいかえれば、公務員は、投票者として公衆を代表するにせよ、あるいは一定の公職にあるものとしてそれを代表するにせよ、すべて二重の資格を持っている。この事実から政府に関する最も重大な問題が生まれる。われわれはふつうある種の政府を他の形の政府と比較して代表制と呼んでいる。そして、われわれの仮説によれば、あらゆる政府は、公衆が諸個人および諸集団の行為という形で持っている利益に代位すると称している点において、代表制的である。しかし、ここには何らの矛盾もない。政府に関与する人々といえども人間である。彼らもやはり人間の本性の通常の特徴を分有している。彼らにもまた、奉仕すべき私的な利益と、彼らが所属している家族・徒党・階級などの特定の集団の利益とがあるのである。ある人間が政治的な役割に没入しきることはほとんどありえない。ほとんどの人にとって、到達しうる最良の状態は、公共の福祉によって自分の他の欲求を統御することである。「代表制的」政府ということばの意味は、この統御を確保する意図をもって、公衆が明確に組織化されているということにある。公務員が持っている二重の資格は、彼らの純粋に政治的な目的や行為と、彼らが非政治的役割において持っている目的や行為との間の、各個人の内部における相剋へと通ずる。この相剋を最小にし、代表的機能が私的な機能を圧倒することを目的として、公衆が特別な方策を採用した時に、このような政治制度が代表制的と呼ばれるのである。

もっとも、ごく最近までは、公衆はみずからを公衆として自覚してはいなかったのであるから、公衆がその利益を守り、確保するためにみずからを組織するのだなどと述べることは馬鹿げているといわれるかもしれない。このように考えれば、国家はごく最近になって発展したものである。実際に、もしわれわれが国家について固定的で、狭い概念的な定義を用いるとすれば、国家というものに長い歴史を付与することは致命的に事実に反している。しかし、われわれの定義は、固有の本質とか構造的性質とかいったものではなくて、ある機能の発現にもとづくものである。それゆえ、いかなる国やひとびとが国家と呼ばれるかは、多かれ少なかれことばの上の問題である。重要なことは、さまざまな形態をお互いからはっきり区別しているところの事実というものが認識されることである。今述べた反対論は、「国家」ということばが用いられようがられまいが、きわめて重要な事実にふれている。それは、支配者が権力の行使に際してめざしてきた他の諸目的と対比してみれば、彼らの公的な役割は、長い期間にわたって付随的なものだったということを示している。統治の機構はあったが、しかしそれは厳密な意味では非政治的な目的のために、すなわち王朝の利益を計画的に推し進めるために用いられてきたのである。かくて、われわれは公衆に関する基本的な問題に到達する。すなわち、公的代表の選出に際して、また彼らの責任と権利とを明らかにするに際して、公衆に重要な役割を担わさせるような公衆自体に関する認識を獲得するということである。この課題について考察することは、後にみるように、われわれを民主主義的国家をめぐる論議へと導くのである。

不適当な方法による統治者の選任

歴史を全体としてみるならば、支配者を選び出し、彼らに権力を賦与することは、政治上の偶然事に属することであった。人々が裁判官、執政官、さらには行政官として選ばれるのは、公共の利益に奉仕しうる能力とは別個の理由によってであった。古代ギリシャの都市国家のあるものや、中国の試験任用制度は、まさにそれらがこうした主張に対する例外であるという理由によってきわだっている。歴史の示すところでは、大体においてこれらの人間は、その公的に限定された役割とは無関係な、ある種の特権的で人目につく地位を持つがゆえに支配したのである。もしわれわれがいやしくも公衆の観念を導入しようとするならば、ある人々が支配者に適しているのは、政治的熟慮とは別個の特性によるものであるということが、問題なしに当然のこととされていたと主張せざるをえない。たとえば、多くの社会では男子の年長者が、彼らが老人であるという単純な事実にもとづいて得られた支配力を行使していた。長老政治はよく知られ、かつ広くみられる事実である。ここには明らかに、年齢が集団の伝統に関する知識と成熟した経験との徴表であるという前提があったが、しかしこうした前提が老人に支配の独占をもたらす上で重要な要因であると意識されていたとはいえないであろう。むしろ彼らは支配を独占しているという事実そのものによって支配力を持っていた。最少の抵抗と最少の運動という慣性の法則が作用していたのである。すでにある点でめだっていたひとびとは、たとえそれが長い灰色のあごひげのためでしかないとしても、彼らに賦与された政治権力を保持したのである。

　軍事的活動における成功が支配すべき人々の選出を左右してきたが、これは不適当な要因である。「軍隊の野営地が都市の真の母である」にせよないにせよ、また政府とは戦争という目的を指導する地位から生まれたというハーバート・スペンサーの主張が正しいにせよ正しくないにせよ、ほとんどの共同社会において、戦闘で勝利を得る能力が、その人間を共同社会の一般的事柄の管理者に予定された者としてきたように思われる。しかし、二つの地位がそれぞれ異なった才能を要求すること、また一方における成功が他方に対する適性の証拠でないことはいうまでもないであろう。だが、事実は厳として残っている。また、こうした要因が有力に作用している証拠は、何も昔の国家に求めなくてもよい。名目上民主的とされている国家においても、戦勝将軍は半ば神意といったものによって政治的官職に任命されるべきだと考える同一の傾向が示されている。一般住民の戦争支持の意欲を動員することにもっとも成功した政治家でさえもしばしば、まさにこの事実によって、公正かつ永続的な平和を作り出そうとする公職に適合した能力を持たないことは、理性の教えるところであろう。ところが、ヴェルサイユ条約が示しているのは、状況がいちじるしく変化して、異なった見通しと異なった関心とを持った人間が必要とされている時でさえ、人間の入れ替えを行なうことがいかに困難であるかということである。本来、公職はそのための能力を持った人々にこそゆだねられるべきである。だが、最も安易な線にそって思考するのは人間の本性であり、こうした性向が、一般的な領域においてすぐれた指導者を必要とする時に、人々をして、理由の如何《いかん》を問わずすでに著名である人々に執着させることになるのである。

老人と軍人とを別にすれば、医療に従事する人間と僧侶とが、統治に当たるべき既成の、そして予定された使命を持っていた。共同社会の福祉が不安定で、超自然的な存在の恩寵に依存しているところでは、神々の怒りと妬みとをそらし、神々の好意を得るための術に長じている人々が、国家を治めるためのすぐれた能力のしるしを持つのである。しかしながら、老年まで生きながらえていること、戦争における成功、さらには秘伝の術に長じていることなどは、政治体制が創設される時にもっとも異彩を放つものだったのである。長期的にみた場合には、もっとも重要な働きをするのは、むしろ世襲的王朝という要因である。所有する者は幸いなるかな。支配者が選び出されてきた家系は、その事実のゆえに名門としての地位と優越した権力とを占有する。身分において卓越していることは、ただちに優秀であることと受けとられる。支配権が一つの血統によって相当に長期にわたって行使され、その結果最初の偉業に関する記憶があいまいになったり、伝説に近くなったりする場合には、職務上の神聖さという要因もその血統に随伴する。支配に付随する利得、壮麗さ、権力といったものは正当化を必要とするとは考えられないようになる。それらは支配を美化し、荘重に見せるだけではなく、その任に当たるべき資質を本来的に具えていることの象徴とみなされる。偶然が生み出したであろうものを慣習が固定化する。確立された権力は自己を正統化する方法を持っている。国の内外の有力な一族との同盟、大きな土地財産の所有、一団の廷臣、さらには国家の歳入を手に入れる機会などが、公共の利益とは無関係な他の多くの事柄とともに、純粋に政治的な機能を私的目的に転用させながら、王朝の地位を確立する。

公職者の統御という問題

支配者の持つ栄光と富と権力とは、公職を握ってそれを利用したいという誘惑を生み出すから、さらに複雑な問題が持ちこまれる。ひとびとに何か輝やかしい対象を追求させるように作用する諸原因が、統治権力の場合にはより大きな魅力をもって作用する。別のい い方をすれば、公衆の利益に奉仕するために必要とされる機能の集中度と規模とが、国家の公職を私的な目的を促進することに利用しようとする誘惑を生み出すのである。これらの公職に権力と壮麗さとが賦与される名目的な理由となっている目的というものを十分に心に刻んでおくことが人間にとっていかに困難であるかはこれまでの歴史が示している。さらに、私的なあるいは階級的な利益を増大させるために、ひとびとが公職という鎧《よろい》や兜《かぶと》をいかに気楽に用いてきたかということも、歴史の示すところである。もっとも、実際上の不誠実さというものが唯一の敵であるとすれば、あるいはそれが主要な敵であってさえも、問題は大変に簡単であろう。ところが、きまりきった仕事からくる安易さ、公共の必要性を確定することの困難さ、強力な地位に伴う栄光の強烈さ、すぐに目に見える結果を求める気持などというものがより大きな役割を演じるのである。正当にも現在の経済体制に耐えきれない社会主義者たちが、「産業は私的所有から解放されるべきである」というのをしばしば耳にする。そして、ひとは彼らの意図するところを以下のごとく理解する。すなわち、産業が私的利得への欲求によって律せられるのは止めるべきであり、またそれは金融業者や株式所有者の利益という脇道へそらされるのではなくて、生産者と消費者との利益のために機能するべきであると。しかし、簡単にこうした主張をするひとびとは、産業は誰の手に移されるべきであるかを問うてきたのであろうか。それは公衆の手中に移されるべきだというのであろうか。だが、残念なことに、公衆は個々の人間の手以外にはいかなる手も持ってはいないのである。したがって、基本的な問題は、こうした個々人の手によってなされる行為を、社会の諸目的に対する配慮によっていきいきとしたものにするよう、変化させることである。こうした帰結が達成されることを可能にするような魔術はなにもない。集中した権力を私的な目的に奉仕させるために利用する方向へと人間を導いてきたその同じ諸原因は、今後も作用し続けて、集中した経済権力を非公共的な目的のために用いさせることになるであろう。しかし、こうした事実はこの問題が解決不可能であることを意味するものではない。そうではなくて、こうした事実は、どのようなみせかけであらわれようとも、真の問題はどこにあるかということを指し示しているのである。公衆の代表である公務員は二重の性格と能力とを持っているのであるから、その識見、忠誠、エネルギーなどが公的で政治的な役割の側に確保されるようにするためには、どのような条件とどのような方法とが必要かということが重要であろう。

民主主義の意味

こうしたありふれた考察を行なってきたのは、民主政治の課題と展望とについて討議するための背景としてである。民主主義というのは多義的な言葉である。それらの意味のうちのあるものは、われわれの目下の主題としては不適当なほど広い社会的で倫理的な内容を持っている。しかし、こうした意味の中のひとつは、統治の方式を、すなわち公職者を選出し、公職者としての彼らの行為を規制するに際しての特殊な慣行を指すものであるから、明らかに政治的なものである。これが民主主義という言葉の多様な意味の中で最も関心を呼ぶものだというわけではない。それは性質の上から見れば比較的特殊なものである。しかし、それは政治的民主主義に関連したほとんどすべてのものを含んでいる。政治的民主主義を構築しているのは、公職者の選任と行動とに関しての理論と実際とであり、それらはすでに言及したような歴史的背景に抗して達成されてきたものである。それらは、まず第一に、ほとんどの場合に偶然的でまた不適当な要因によって支配権の占有を決定してきた力に対抗する努力を意味しており、また第二には、公的な諸目的ではなくて私的な諸目的に奉仕するために政治権力を用いる傾向に対抗する努力を意味している。民主的な統治をその歴史的背景を別にして大雑把に論じることは、その要点を見逃し、それを知的に批判するために必要なあらゆる手段を放棄することになるであろう。そして、明確に歴史的な視点をとるとしても、そのことは倫理的・社会的理想としての民主主義からの、重要でかつ優越的でさえある要求を軽視することにはならない。われわれは、区別される必要のある事柄を混同するという「大きな誤り」が避けられるように、論議の題目を限定するのである。

過去一世紀半にわたってほとんど全世界の統治形態に影響を及ぼしてきた一連の運動に示されている歴史的傾向としてみるならば、民主主義というのは複雑な事象である。もっとも、広く流布されて影響力をもっている伝説によれば、この運動は一つの明確な観念から出発しており、一つの中断されることのない力によって推進されて、勝利の栄光に輝やくにせよ、あるいは致命的な破局に至るにせよ、いずれにしろ不可避的な結末に向かって自己展開をしてきたということである。おそらく、神話というものがこれほど単純でしかも純粋な形態で保持されていることはほかにはほとんどないであろう。ところが、ひとびとが民主的統治というものを絶対的なかたちで、すなわちそれを他の選択可能な政体と比較することなしに、賞讃したり非難したりする場合には、この神話に近いことが見出されるのである。しかし、偶然によることの最も少ない、したがって最も慎重に設計された政治形態でさえも、絶対的で疑問の余地のない善といったものを体現していることはありえない。それらは、競い合う諸力の渦中において、付随する悪を最小限度に止めながら、最大の善を約束すると思われるある特定の可能性を選択することを意味しているのである。

民主的統治の起源に関する誤り

その上このような言い方は問題をはなはだしく単純化しすぎている。ある政治形態というものはそのすべてが一挙に生み出されるのではない。そして、それがひとたび完成された後は、最大の変化も、たんにそのおかれている特殊な状況に対応してそのつどなされる順応と適応との厖大な連鎖によってもたらされた帰結であるにすぎない。過去を振り返ってみれば、一定の方向へ向かっての多少とも着実な変化の傾向を認めることはできる。しかし、くり返していうが、このような帰結の統一性（それは常に誇張されやすいものであるが）が存在するからといって、それを単一の力あるいは原則によるものとするのはたんなる神話である。政治的民主主義は多様な状況に対応する厖大な調整の、一種の正味の結果として出現したものであり、それらの状況はどれをとってみても同じではないが、しかしある共通の帰結へと収斂する傾向を持っていたのである。その上、民主主義へと収斂したのは、はっきりと政治的なものである力と作用との帰結としてではない。ましてや民主主義は、民主主義〔という観念〕の、すなわちある本源的な努力、ないし内在的な観念といったものの所産ではない。この帰結について、民主主義的運動の統一性はより以前の政治制度のゆえに経験した悪というものを矯正しようとする努力の中に見出されるという趣旨の穏健な一般化をすることは、民主主義的運動は一歩一歩前進してきたものであり、またその各一歩は究極的な帰結などを予知することなしに踏み出されたものであって、その大部分は多くのそれぞれ異なった衝動とスローガンとの直接的な影響のもとに進められてきたということを認識させるであろう。

非政治的要因の影響

さらに重要なのは、状況を改善する努力を生み出し、それらが成功することを可能にした諸条件というものは、その性質において基本的には非政治的なものであった点を認識することである。なぜなら、悪弊は長期間にわたって存在していたのであり、運動の説明に際してはいつも次の二つの問題、すなわち、改善のための努力がなぜもっと早くから行なわれなかったのか、また、それが行なわれた時、それらはなぜそういう形で行なわれたのかという問題が提起されざるをえないからである。この二つの問題に対する解答は、明らかに宗教的なものであり、科学上のものであり、あるいはまた経済的なものであった諸変化のうちに見出されるであろう。こうした変化は、それ自体は本来非政治的なものであり、民主主義的な意図とは無関係だったけれども、最後には政治的分野において効果を現わしたのである。大仰な問いや壮大な観念と理想といったものが、この運動の進行する途上で生まれた。しかし、個人とその権利の本質、自由と権威、進歩と秩序、自由と法といったものに関する理論、また共通善と一般意思、さらには民主主義それ自体に関する理論が運動を生み出したわけではない。これらの理論は思考における運動の反映であり、いったんそれが登場してのちは、以後の努力に参加して実際的な効果を及ぼすことになったのである。

われわれは、政治的民主主義の発展は多くの社会的運動が収斂した結果を示すものであり、それらの運動はどれをとってもその起源ないし起動力を、民主主義的理想といった着想とか、ある最終的な帰結を得るための計画とかに負うものではないことを主張してきた。

この事実は、民主主義についての概念的な解釈にもとづく賞讃と非難とをともに適切でないものとしているのである。こうした解釈は、それらが真であれ偽であれ、あるいは良きものであれ悪しきものであれ、いずれにしろ事実の思考への反映であって、それらが偶然に事実を創り出す原因となった根源なのではない。いずれにしても、何らかの影響をもたらした歴史的な出来事というものは大変に複雑なものであって、それをこうした書物で再現しようなどということは、たとえ私が実際には身につけていない知識と能力を持っているとしても、考えも及ばないことである。しかしながら、二つの一般的でかつ明白な考察には触れておくことが必要であろう。すなわち、既存の形態の統治と国家とに対する反抗の中で形成され、ついには民主主義的な政治形態において極点に達した諸々の出来事は、統治に対する恐怖で濃く色どられていたということ、そしてまた、それは統治を最小限度まで縮減して、それがなしうる悪を制限しようとする欲求によって動かされていたということである。

「個人主義」の起源

既存の政治形態は他の諸制度、なかんずく信仰上の諸制度、さらには伝統や受けつがれてきた信仰の強固な体系と結びあわされていたので、反抗はこれらのものにも波及した。

その結果、この運動が自らを表現する知的用語は、たとえそれらが積極的に見える時でさえも、消極的な内容を持つことになったのである。自由は、それ自体が目的であるとして表現されたけれども、実際には抑圧と伝統とからの解放を意味していた。知的側面においては反抗運動の正当性を見出すことが必要であり、また制度化された生活という側面には確立された権威が君臨していたので、ごく自然にとられた方法は、反抗する個々人に内在するある種の譲渡しえない神聖な権威に訴えるということであった。こうして「個人主義」が生まれたが、それは、熟慮の上ひとびとが自分自身の目的のために形成したものを別にすれば、あらゆる結合関係から孤立した個々の人間に、生得の、あるいは自然の権利を賦与する理論であった。古くからの、制限を及ぼす結合関係に対する反抗は、知的には、あらゆるすべての結合関係からの独立という教義へと転換されたのである。

こうして、統治権力を制限しようとする実際的運動は、ジョン・ロックの影響力の大きな哲学の場合のように、権力を制限する基盤と正当性とは、まさに個人の構成に固有な、本来的に非政治的な権利にあるとする教義と結びつけられることになった。こうした教理から、統治の唯一の目的は生まれながらに個々人のものである諸権利について個人を保護することであるとする結論に到達するまではほんの一足にすぎない。アメリカ革命は確立されていた統治に対する反抗であったから、それは、植民地の独立を獲得しようとする努力のイデオロギー的解釈として、当然にこうした諸観念を借用し、またそれを拡張した。いまや想像の上では、以前からの政治形態に対する反抗が、その理論的定式化を集団の権利、あるいは政治的性質を持たない結合関係の権利の主張のうちに見出したような状況を想定することも容易である。実際、独立しかつ孤立した存在としての個人に対して訴えることを不可避にするような論理が存在したわけではなかった。したがって、抽象的な論理においては、ある基礎的な集団は国家が正統には侵害することのできないような当然の権利を持っていると主張するだけで十分だったであろう。その場合には、「個人的なもの」と「社会的なもの」という周知の現代的な対立概念やその両者を調和させるという問題は起こらなかったであろう。そしてこの問題は、非政治的な集団が政治的結合体に対してとる関係を規定するという形をとったであろう。しかし、すでにみてきたように、嫌悪の的であった国家というものは、事実上も伝統の上でも、他の結合関係、すなわち信仰上の結合関係（そして、その影響力を通じて家庭）やギルドと株仲間といった経済上の結合関係、さらには、教会－国家の関係を介することで科学的探究のための結合体や教育機関とさえも密接に結びつけられていたのである。したがって、最も容易な解決方法は裸の個人に帰ることであり、また、個人の自発的な選択から生じ、その私的な目的を保障する場合を除いては、個人の本質と権利とにとって異質ないっさいの結合関係を一掃することであった。

人間の認識についての哲学的理論が、精神それ自体と同一視される個人の意識という形の自己《セルフ》あるいは自我《エゴ》に対して、政治理論が終審法廷としての自然的個人に対して行なったのと同じ訴えかけを行なったという事実ほど、この運動がいかに拡がっていたかということを示してくれるものはない。ロック学派とデカルト学派とは、他の点では大いに対立しあっていたとはいえ、この点では一致していたのであり、異なっていたのはただ、個人の感覚的性質と合理的性質のどちらが基本的な事柄であるかという点に関してであったにすぎない。この観念は哲学から心理学に忍びこみ、心理学は孤立した根源的な私的意識についての内観的で内向的な説明をするものとなった。かくて、道徳的かつ政治的個人主義はその教理においては「科学的」根拠に訴えることができたし、心理学によって流布された用語を援用することもできた――だが、実際にはその科学的基礎づけに用いられた心理学は実は個人主義そのものの所産に他ならなかったのである。

この「個人主義的」運動はフランス革命の偉大な文書類に古典的な型で表現されているが、それはあらゆる形態の結合関係を一撃のもとに廃止し、理論的には、裸の個人を国家に直接に対峙させることになった。しかしながら、これから述べる第二の要因がなかったならば、それはこうした点にまでは至らなかったであろう。すなわち、新しい機械装置の発明と使用――レンズはその適例であるが――とによって、新しい科学の運動が可能になり、それはテコや振子といった器具に注意を集中させた。それらはすでに長い間使用されてはきたけれども、まだ科学的理論の出発点にはなっていなかったのである。研究におけるこうした新しい発展は、ベーコンが予言したように、そのあとに大きな経済的変化をもたらした。それは機械の発明へと導くことによって道具に対する負債を返済したが、結果はそれだけに止まらなかった。生産と通商とにおける機械類の使用は、その結果として新しい強力な社会的条件および個人にとっての機会と欲望とを創造した。それらの新しいものが十分に表現されることは、既存の政治的・法的慣行によって制限されていた。法的規制は、新しい経済活動の利益を得ることに関心をもっていた生活のあらゆる局面に強い影響を及ぼしており、製造と交換の自由な展開を妨害し、抑圧することになった。重商主義の理論の中に知的に表明されていたような国家の確立された慣行というものは、諸国民相互間の貿易の拡大を妨げたが、その制限はまたはねかえりとして国内産業の発展をも限定することになったのである。アダム・スミスが『諸国民の（真の）富』を著わしたのは、この理論に反抗してであった。国内的には、封建制に由来する制限の網がはりめぐらされていた。労働と主要産物との価格は取引によって市場で形成されるのではなく、治安判事によって設定された。産業の発達は、職業の選択、徒弟奉公、労働者の場所的移動などを規制する法によって妨げられていたのであり、このようなことは他にもたくさんあった。

新しい産業の影響——「自然的」経済法則の理論

このように、統治の機能が、サーヴィスと商品の生産や配分に関する新たな活動の発展に対して敵対的であったために、統治に対する恐怖と統治の機能を制限しようとする欲求とは、強力に補強されることになった。経済的な運動は、それが個人とその固有の権利の名において機能したのではなく、「自然」の名において機能したために、おそらく影響力はいっそう大きかった。経済的な「諸法則」、すなわち自然的欲求から出発して富の創造へと導く労働の法則、いっそう多くの富を蓄積するのに有効な資本の創出へと導く、未来における享受のための現在における禁欲の法則、需要と供給の法則を明示する競争的交換の自由な展開などは「自然の」法則であった。それらは、作為によるもの、すなわち人間の作ったものとしての政治的法と対立的な位置に置かれた。継承された伝統の中でほとんど疑問をはさまれることなく残存したのは、「自然」を何か魅力にとんだものとみなす「自然」の概念であった。しかしながら、「自然法」という古くからの形而上学的な概念は、経済的な概念へと変えられていたのである。すなわち、人間性に本来備わっている自然の法則が財貨とサーヴィスの生産と交換を規制するのであり、しかもそれは、人為的な、つまり政治的な干渉から自由である時には、最大限に可能な社会の繁栄と進歩とをもたらすものとされたのである。通俗的な見解は論理的一貫性といった問題に悩まされたりすることはほとんどない。個人的利得と社会的利得との調和をもたらす慈悲深い自然法則への信仰に基礎をおいた自由放任《レッセ・フェール》の経済理論は、容易に自然権の教義と融和させられた。それらはともに同じ実際的な内容を持っていたのであり、仲間同士の間で論理など問題であろうか。かくて、経済学において、自然法則の経済的理論を主唱した功利主義学派が自然権理論に対して行なった抗議も、両陣営の通俗的融合を妨げる上では何の効果も及ぼさなかったのである。

功利主義の経済理論は民主主義的統治の、実際的慣行についてとは別に、理論を発展させる上できわめて重要な要因であったから、その輪郭を描くことはむだではないであろう。各人が自分の運命の改善を求めることは自然である。これは勤勉によってのみ達成されうる。各人が自分自身の利害の最良の判定者たることは自然であり、もし各人が人為的に課せられた制限の影響から自由にされているならば、各人は仕事の選択やサーヴィスと財貨の交換に際して自分の判断を表明するであろう。かくて事故さえなければ、各人は労働に際してのエネルギー、交換に際しての鋭敏さ、自分の欲望にさからっての節約に応じて、自分自身の幸福を増進させるであろう。富と安寧とは経済的善行に対する自然的報酬である。同時に、勤勉、商業上の熱意、および個人の能力は社会的善にも貢献する。自然法を制定した慈悲深い神意の見えざる手のもとに、労働・資本・交換は、調和を保ちながら集合的にも個人的にも人々の利益と進歩を増大させる方向に作用する。怖るべき敵は政府の干渉である。政治的規制はただ個々人が偶然にまたは故意に相互の活動と財産とを侵害する――勤勉で有能な人々による財産の所有は、怠惰で無気力な人々にとっては羨望の的であるから――がゆえにのみ必要とされる。こうした侵害が不正の本質であり、統治の機能は正義を確保することである――そしてそれはおもに財産の保護および商取引に伴う契約の保護を意味しているのである。国家が存在しなければ、人々は相互に財産を盗用するかもしれない。こうした盗用は、勤勉な個人にとって不公平であるだけではなく、財産を不安定なものにすることによって、エネルギーの活用をまったく思いとどまらせ、ついには社会的進歩の原動力を弱めるか破壊するに至る。他方、国家の機能に関するこうした原則は自動的に統治活動に課せられた限界として作用する。すなわち、国家は正義――今定義された意味での――を確保するために行動する時にのみそれ自体で正当なものとされるのである。

このように理解された政治的課題とは本質的に、政府の働きを、可能な限り、人間が自分自身の生命と身体の保全に関して持っている利益が、その一部であるような経済的諸利益を保護するという正統な職分に限定しようとする技術を発見し、かつ具体化するという課題である。支配者は最小限度の個人的努力をもって財産を所有したいという普通の貪欲さを共有している。彼らの意のままに振る舞わせるならば、彼らは彼らの公務上の地位が彼らに賦与した他人の富に恣意的に課税する権力を利用することになるであろう。もし彼らが私的市民の勤勉と財産とを、他の私的市民の侵害に対して保護するとしても、それはただ彼らが彼ら自身の目的のために依存すべき資源をより多く持ちたいためにすぎないのである。かくて、統治の本質的課題は次のごとき事柄に帰着する。すなわち、支配者が被支配者の犠牲において彼ら自身の利益を推し進めることを防ぐのは、いかなる制度であろうか。あるいは積極的ないい方をすれば、いかなる政治的手段によって統治者の利害は被治者の利害と一致するであろうか。

民主的統治に関するジェイムズ・ミルの哲学

解答は、政治的民主主義の性質に関する古典的定式という形で、とくにジェイムズ・ミルにより与えられていた。その重要な特徴は、公職者の人民による選挙、公職の任期の短縮、頻繁な選挙にあった。もし公職者が職務上の地位と報酬とに関して市民に依存しているならば、彼らの個人的利害は全体としての人民のそれと——少なくとも勤勉で財産を所有している人々のそれと一致するであろう。人民の投票により選ばれた公職者は、彼らの公職への選出が、人民の利益を保護するに際しての彼らの熱意と手腕との具体的な証拠に依存しているのを見出すであろう。短い任期と頻繁な選挙とは、彼らが定期的に説明を課せられることを保証するであろう。投票所は彼らの審判の日を意味することになるであろう。それに対する畏怖は不断の抑制として作用するであろう。

もちろんこの説明においては、私はもともと過度に単純化されていたものをさらに単純化している。ジェイムズ・ミルの論文は、一八三二年の選挙法改正が通過する以前に書かれた。それゆえ、実際的なみかたをとるならば、それは当時大部分が世襲的土地所有者の手にあった、選挙権の製造業者や商人への拡大を主張するものであった。ジェイムズ・ミルは純粋な民主主義については恐怖以外の何ものをも持ってはいなかった。彼は選挙権を婦人に拡大することには反対した（この最後の点は、ただちに功利主義学派の指導者ジェルミイ・ベンサムからの抗議を呼び起こした）。彼は蒸気の生産と交易への応用による影響のもとで形成されつつあった新しい「中間層」に関心を寄せていたのである。彼の態度は、選挙権が下層にまで拡大されたとしてさえも、「科学、芸術、さらには立法に対してみずからその最も卓越したひとびとを送り、人間性を陶冶し向上させるものすべての主要な源泉である中間層は、究極的にはその影響力が決定的であるような共同社会の一部分である」という彼の信念のなかにみごとに表現されている。しかし、過度な単純化とその特殊歴史的な誘因にもかかわらず、この教義は普遍的な心理学上の真理にもとづいていると主張している。それは、民主的統治をめざす運動を正当化するものと思われていた諸原則を正しく描き出している。ここでそれに対する広範な批判をもてあそぶ必要はない。理論により仮定された状態と、民主的統治の進展とともに実際に得られた状態との間の差異がおのずから語ってくれるであろう。こうした不一致は十分な批判である。しかしこの不一致はそれ自体、実際に生起した事柄が理論から生じたのではなく、理論に対する顧慮とも政治に対する関心とも無関係に、一般的にいうならば蒸気の使用が機械の発明に応用された結果にともなって、進行した事柄に固有なものであったということを示している。

個人主義の批判

しかし、生まれつき結合関係から独立して固有の権利を持つ孤立した個人という観念や、人為的である政治的法が（慎重に経済法則に従属させられる場合を除いて）有害であるのに比して経済法則は自然的なものであるとする観念は、無益で無能なものであったと考えることは大きな誤りであろう。これらの観念はうぬぼれ屋以上の何かであった。それらは民主的統治をめざす運動を生み出しはしなかったが、運動がとる形態には深い影響を及ぼした。あるいはおそらく、諸理論は自分が記述していると明言していた事態に対してよりも、根強く残っていたより古い状態に対していっそう忠実であったが、こうしたより古い状態が民主主義的国家論を名乗る哲学によって、大きな影響を及ぼすまでに強化されたのだという方がより正確であろう。その結果は民主的諸制度における逸脱であり、偏向であり、歪曲であった。あとで手加減を加えて訂正する必要はあろうが、「個人主義」的という事柄を総体的に論ずるならば、新しい哲学がそれ自体の中心に据えた「個人」は、それが理論においてまさに高く持ち上げられていた時においてさえ、事実においては、完全な没落の過程にあったといってよい。政治的な事柄の自然的な諸力と諸法則への従属という主張についても、実際の経済の状態は、その理論が作為的なものを非難していたという意味で完全に作為的なものであったといってよいであろう。こうした経済の状態が、新しい統治機構が実業家から成る新しい階級の欲求を満たすためのものとして理解され、かつ使用されるような人為的手段を提供したのである。

これらの主張はいずれもこれだけでは表面的であり、また大雑把なものである。その意味をわかりやすくするためには、それらは二、三の点で詳しく述べられなければならない。グレアム・ウォーラスは『大社会《ザ・グレート・ソサイティ》』と題した彼の著作の第一章の初めに、『新しい自由』からとられたウッドロー・ウィルソンの次のことばをひいている。「昨日までは、そして歴史始まって以来このかた、人間は個人として相互に結ばれていた。……今日では、人間の日常的なつながりは他の諸個人との関係ではなく、たいていは非人格的な大企業、組織体との関係になったのである。今やこうした事柄はある新しい社会的時代、人間関係のある新しい時代、人生というドラマのための新しい舞台の設定以外の何ものでもない」。もしわれわれがこれらのことばを普通の程度の真理を含むにすぎないものと受けとってさえも、それらは、新しい時代の要求を満たしてその要因を方向づけるべき個人主義的哲学がはなはだしく愚かなものであったことを示している。それらが示唆するところは、欲望と要求とを持ち、先見の明と思慮分別と自己を向上させる自愛心とを賦与されている個人についての理論が、社会的な事柄の方向づけに際して個人がそれほど重要でなくなりつつあった時点、機械の力と広範な非人格的組織体とが事柄の枠組みを決定した時点において、まさに形成されたのだと主張することが何を意味するかということなのである。

「昨日までは、そして歴史始まって以来このかた、人間は個人として相互に結ばれていた」という主張は正しくない。人間は生きることにおいて常に共に結合しあってきたし、連帯的行動における結合関係は、個人としての彼らの相互関係に影響を及ぼしてきた。その例証としては、直接にまた間接に家族から派生した結合関係の類型がいかに広範に人間関係の中に浸透してきたかを想い起こすだけで十分である。国家でさえも世襲による王家の処理すべき事柄であった。しかし、それでもなおウィルソン氏が心中に描いていた対照は事実である。古い時代の結合関係はそのほとんどがクーレイによってたくみに「面識的《フエイス・ツー・フエイス》」と名づけられた類型に属する（C・H・クーレイ『社会組織』の第一次集団に関する第三章）。こうした結合関係は重要なものであったし、また情緒的、知的傾向を形成するに際して、実に重要な働きをしたのであったが、それは地域的なものであり、近隣的なものであり、したがって可視的なものであった。人間がいやしくもこうした関係を共有していた場合には、彼らは直接的に、しかも彼らの愛情と信念とを了解しあうという形でそれを共有していたのである。国家は、それが専制的に干渉した場合でも、遠く隔たった存在であり、日常生活には疎遠な機関であった。そうでない場合には、それは慣習とコモン・ローとを通じて人々の生活に入りこんできた。それらの作用がいかに広範なものであったとしても、重要なのはそれらの拡がりでも包括性でもなくて、それらの直接的、地域的な現われ方であった。教会は実際に普遍的でしかも身近な存在であった。しかし、人々の思考と慣習とに関する限り、それがたいていの人間生活に入りこんでいったのは、その普遍性を通じてではなく、儀式や秘蹟の際の直接的奉仕を通じてであった。生産と商取引とに応用された新しいテクノロジィは社会革命をもたらした。計画や予測を持たないローカルな共同社会は、そこに生起する事柄が遠隔のみえざる組織によって左右されているのを知った。遠隔のみえざる組織の活動領域はすこぶる広大であり、それが面識的な結合関係に及ぼした衝撃ははなはだ広範であり、かつ持続的なので、「人間関係の新しい時代」について語ることもあながち誇張とはいえない。蒸気と電気とによって創り出された「大社会」も一個の社会ではあろうが、しかし共同社会ではない。結合された人間の行動様式の、新しく比較的に非人格的でかつ機械的な形態が共同社会を侵蝕しているのは、現代の生活の顕著な事実である。こうした集団的活動という点では、共同社会はその厳密な意味で意識的な協働者ではないし、またこうした活動に直接的な統制を及ぼすこともない。しかし、こうした活動が全国的な、また地域的な国家を生み出したおもな要因であった。このような活動にある種の統制を加える必要性が、こうした国家の統治を、ことばの現代的な意味において民主化ないし大衆化させたおもな起動力だったのである。

それでは、間接的で近接し難い集団的行動の圧倒的影響の下へ個人的行動をいちじるしく埋没させることを意味した運動が、なぜ個人主義の哲学に反映されたのであろうか。完全な解答を与えることは不可能である。しかし、二つの事柄は明白であり、重要である。その第一は、新しい状態が以前は休止状態にあった人間の可能性の解放を意味したということである。新しい状態のもたらした衝撃は共同社会を動揺させつつ、個々の人間に関しては彼を解放する方向へ働いたが、その抑圧的側面は測り知れない未来の霧の中に隠されていたのである。より正確にいうならば、抑圧的側面は、より古い半封建的状態においても同様に抑圧されていた共同社会の諸階層にまず影響を及ぼしたのである。彼らはいずれにせよ重要な存在ではなく、伝統的に水を汲み、木を伐るたぐいの卑しい労働をする人々であり、法的な意味でのみ農奴の境涯から浮び出たにすぎなかったので、新しい経済的条件が労働者大衆に及ぼした影響は、十分には注意されずにきた。実際には古典的哲学に明らかなように、日雇い労働者たちは、依然として共同社会的生活の成員というよりはむしろその基本的条件だったのである。彼らにおよぼされた影響は徐々に明らかになったにすぎなかったが、その頃までには彼らは政治的解放を獲得して民主主義国家において目立った存在となるのに十分な力——彼らは新しい経済体制における十分に重要な要素になった——を得ていたのであった。ところで、解放がもたらした影響は「中間層」、すなわち製造業と商業の階級の成員に関していちじるしく目立っていた。物質的欲求とそれを満足させる能力との創出はたやすく無視されるべきではないけれども、力の解放を、富を入手しその果実を享受する機会に限定するのは短見というべきであろう。独創力、発明の才、先見の明、計画性もまた鼓舞され確立された。新しい諸力のこうした現われは十分に大きな規模で注意をひきつけ、また奪うものであった。その結果は、個人の発見として定式化されたのである。習慣的なものとは、当然のこととされたものであり、それは潜在意識的に作用する。それゆえ従来の世間の習慣を破ることは注意の焦点となり、それが「(自覚された）意識」を形成する。こうして、結合関係の必然的でかつ恒常的な形態は注意されないままでいた。自発的に企てられた新しい結合関係の形態が排他的に思考を占有していた。それは観察される視界を独占していたのである。「個人主義」は何が思考と目的とにおける焦点であったかを示す原則だったのである。

もう一つの事柄も似たようなことである。新しい諸力の解放に際して、個々の人間は多くの古い慣習、規制、制度から解放された。われわれはすでに新しいテクノロジィにより可能になった生産と交換の方式が、以前の古い体制の規範や慣習によっていかに妨げられていたかをみてきた。こうした規範や慣習は当時耐え難いまでに制限的で抑圧的だと感じられていたのである。それらは創業や商業活動の自由な展開を妨害するので、作為的で奴隷的であるとされた。それらの影響からの解放を求める闘争は、こうした個人の解放と同一視されたし、闘争の激化とともに結社と制度とは、それらが個人の同意と自発的選択の所産であった場合を除いては、自由の敵として総体的に非難された。多くの形の結合関係が実際には手を触れられずに残されたことはたやすく見過ごされていたが、それはまさにそれらが当然の事柄であったからである。実際、それらに手を触れようとする何らかの企て、とくに家族的結合関係の既存の形態と財産についての法的制度とに手を触れようとする企ては、破壊的なこととして、自由ではなく神聖な言いまわしをよそおった放縦としてみられたのであった。統治の民主的形態をこうした個人主義と同一視するのは容易であった。投票の権利は大衆にとってはこれまで眠っていた能力の解放を意味したし、さらにまた少なくとも外見上は個人の意思を基礎として社会的諸関係を形成する力を意味したのである。

普通選挙権と多数決原理とは想像力に訴えて、妨げられることのない個人の主権が国家を作るという形で個人を描かせた。そこでの個人像は、支持者に対してもまた同様に反対者に対しても、既存の諸結社が粉砕されて原子的個人の欲求と意図に還元される情景を示していた。形式的には個人から生ずる行為を見えないところで規制していた結合関係や制度的組織体から発する力は注意されないままであった。外側の情景を把《と》らえてそれを現実だと思いこむのは、通俗的思考の本質である。「自由なひとびと」が彼らの生活を左右する政治形態を彼らの個人的な意思によって決定するために投票場に赴くという情景についてのありふれた讃辞は、たやすく目に映るものなら何でも、状況の完全な真実とみなすこうした傾向の典型的な例なのである。物理的な事柄については、自然科学はこうした態度に挑戦して成功を収めた。人文的な事柄においては、それはなおほとんど衰えずに残っているのである。

民主的統治の反対者たちは、仮定されている個人主義的前提を追究し、その帰結として社会の解体を導き出すさいには、民主的統治の支持者たちより論理的な感覚を示していたけれども、彼らと同様に先見の明を欠いていた。「現金での結びつき」によってのみ保持されている社会という観念に対して、カーライルの加えた猛烈な攻撃はよく知られている。彼にとってその不可避な終点は「無政府状態プラス警察官」であった。彼は新しい産業体制が、消滅しつつあった社会的紐帯と同じ程度に堅固で、さらにそれよりもいっそう大規模な社会的紐帯を鍛造しつつあったのをみていなかった——それが望ましい紐帯であったか否かは別問題であるが。ホイッグの主知主義者であったマコーレイは、選挙権を大衆に拡大することは、上流階級のみならず中産階級からも略奪するために新たに獲得した政治権力を使用するであろう無産大衆に、確実に略奪の衝動を喚び起こさせることになるであろうと主張した。彼はまた人類の開化した部分が、野蛮で未開な部分により征服される危険は、もはやなくなったけれども、文明の内部に文明を破壊する狂気が生み出されることはありうるとも述べていたのである。

自然と作為とを対置することへの批判

かくて、われわれはたまたまもう一つの教義、すなわち政治制度の人工的作為に比べて経済的諸力の作用には、本来的に「自然的」で、「自然の法則」に服している何ものかが存在するのだという考え方に接近してきたことになる。成熟した欲求と、彼自身の意思にもとづいて費消されるべき精力と、さらには予見や慎重な計算を遂行しうる既成の能力とを備えている孤立した自然的個人という観念は、先天的な政治的権利を備えた個人という教義が政治における虚構であるのと同様に、心理学における虚構である。自由主義学派は、欲求について多くを論じていたが、しかし彼らにとって欲求は、すでに知られている快楽の目標へと慎重に向けられた意識的な事柄であった。欲求と快楽はともに公明率直な事柄である。ここでは、心はあたかも明るい白日のもとにあって、隠されたくぼみも、近づき難い奥地も、あるいは地下に秘められたものも何ら存在していないかのごとくみられている。その働きは公正な将棋における詰手のようなものである。それははっきりと見えるところにある。指し手たちは奥の手など何も持ちあわせてはいない。駒の位置の変更は明白な意図により、はっきりと見通せるところで行なわれる。しかも、それはあらかじめそのすべてが熟知されているルールにもとづいて行なわれるのである。熟慮と手腕と、あるいは愚鈍と拙劣とが結果を決定する。心とは「意識」であったし、意識は欲求、努力、目的などが歪曲されることなしに焼きつけられる、曇りのない、透明で、自己啓示的な媒体であった。

今日では行為は、その大部分が注意力の焦点の外にあるような条件から生み出されるのであり、さらにこうした条件は、肉眼でみえる身体的現象に含まれている隠された関係をわれわれに教えてくれる研究よりも、さらに一段と厳密な研究によってのみ発見され、明るみに出されうるのだということが広く認められている。それほど広く認められていないのは、具体的行動の基礎となる条件、またそれを生み出す条件は有機的なものであると同時に社会的なものだということであり、さらには特異な欲求、目的、活動の方法などが問題とされる限り、それは有機的であるよりははるかに社会的なものだということである。こうした事実を重視する人々にとっては、「自然的」経済過程と法則とが前提にしている欲求、目標、満足の基準などが、それ自体社会的に条件づけられた現象であることは明らかである。それらは慣習と制度とが個々の人間の中に反射されたものである。それらは自然的、すなわち「生得の」有機的性向ではない。それらは文明の状態を反映しているのである。さらに、もし次のようないい方が可能であるとするならば、労働が行なわれ、産業が営まれる方式も、ひとびとが彼ら自身の身体的構造の中に根源的に所有しているものではなく、蓄積された文明の所産なのだということはよりいっそう真実であろう。道具が存在するまでは、産業と呼ばれるべきものはほとんど存在しないし、多量の富を構成するようなものはさらにいっそう存在し難い。そして、道具はゆるやかな伝承の過程の結果なのである。工業時代の特質である道具の機械への発展は、社会的に蓄積され、伝承された科学を利用することによってのみ可能とされたのであった。道具と機械とを使用する技術はともに学習されなければならぬ事柄であった。それは自然的才能ではなく、観察している第三者によって、指導と伝達とによって獲得される事柄だったのである。

社会生活の機能としての欲求と目標

こうした文章は、顕著な事実を伝達するには、拙劣で生気の乏しい方法である。もとより、食物、保護、配偶者の必要などのように、有機的あるいは生得的な必要もある。こうした必要を満たすのに役立つ外部の対象を確保することでそれらを満足させやすくする先天的構造も存在している。しかし、こうした必要が生起させることのできる唯一の種類の産業は、偶然が路傍に投げ出すかもしれない食用の動植物を集めることによって得られる不安定な生活ぐらいなものであり、それは動物的な状態からただちに現われてくる未開状態の最低の形態であろう。さらに厳密にいえば、こうした必要だけでは、この貧弱な結果さえもたらすことはできない。なぜならば、それは無力な揺籃期のできごとであるがゆえに、こうした原始的な体制でさえ、相互援助の最も重要な形態、すなわち他者からの学習を含む協働的行為の助力に依存しているからである。火や武器や織物など、すべて相互伝達と伝統とを含みこんだものを使用しないとするならば、未開の産業でさえ存在しうるであろうか。「自然」経済の作者たちがもくろんだ産業体制は、さまざまな点で、協働的行動に依存している欲求、道具、素材、目的、技術、さらには能力を前提としていたのである。かくて、こうした教義の作者たちが、「作為的」ということばを用いたのと同じ意味で、こうした事柄は強度にかつ累積的に作為的なのである。彼らが実際に追求していたものは、慣習と制度における方向の変化であった。新しい産業と商業とを促進することにたずさわっていた人々の行為の成果が新しい慣習と制度の体系になった。この新しい慣習と制度の体系は、それらによって置き換えられた生活の共同形態と同様に広範で永続的な生活の共同形態であったし、それらの広がりと力とにおいてはさらにいっそう著しいものがあったのである。

こうした事実が政治の理論と実際とに及ぼした影響は明らかである。実際に作用していた欲求や意図が共同生活の機能であったというだけではなく、それらはこの共同生活の形態と気質とを作り直したのであった。アテネの市民は日曜新聞を買わなかったし、株式や債券に投資することもなかったし、自動車を欲しがることもなかった。しかしまた、今日のわれわれは大体において美しい身体や周囲の建築物の美しさを欲したりすることはない。われわれはたいてい化粧をほどこすことや見苦しいスラムで、またしばしば同様に見苦しい邸宅で満足している。われわれは、「自然的に」あるいは身体器官の構造上それらのものを必要としているのではないが、なおそれらを欲している。われわれが直接にそれらを要求しているのではないとしても、それにもかかわらず、われわれは事実上それらを要求しているのである。なぜならば、それらはわれわれが望みをかけている事柄の不可避的結果だからである。他のことばでいえば、共同社会は、教育かあるいは無知を、美しいかあるいはむさ苦しい環境を、鉄道列車かあるいは牛車を、株式や債券、金銭的利益かあるいは建設的な芸術を要求する（要求するということのたんに知的な意味、すなわち有効需要という意味において）が、ただ協働的活動がこれらの事柄を慣習的に提示し、評価し、さらにそれらを達成するに必要な手段を供給するのに応じて要求するのである。しかし、それは物語の半分にすぎない。

欲求を満足させる対象をめざす協働的行動様式は、そのような対象を作り出すだけではなく、慣習と制度をも生じさせる。間接的で思いもよらない結果というものは、通常直接的なものよりも重要である。新しい産業体制がまさに意識的に予測され期待されたことを生み出した、あるいはだいたいにおいて、それだけを生み出したと想定することの誤りは、新しい産業体制の特色をなす欲求と努力とが「自然的」人間の機能だとする誤りと表裏をなすものであろう。こうした欲求と努力とは、制度化された行動に起因するものであり、またそれらは制度化された行動に結果を及ぼす。産業革命の結果とそれにたずさわった人々の意識的なもくろみとの間の懸隔は、共同生活の間接的な影響が、推測しうる域を超えて、直接に意図されていた結果を追い越してしまう程度を示す注目すべき実例なのである。その成果はあの広範で不可視的な紐帯の発展であり、あの「非人間的な大企業、組織体」の発展であるが、それは今や万人の思考と意思と行動に影響を及ぼしており、「人間関係の新しい時代」を先導してきたのである。

巨大な組織体とその複雑な相互活動とが、国家に及ぼした影響もまた同様に思いもよらないものであった。理論により考えられていた独立し自己運動的な個人の代わりに、われわれは画一化された交換可能な構成単位となっている。人々が結合させられたのは、彼らがこうした形態において一体になることを自発的に選択したからではなく、巨大な流れが人々を結合させる方向に赴いているからである。地図の上には、政治的境界を区切る緑と赤の線があって、立法や裁判所の管轄に影響を及ぼしているけれども、鉄道や郵便や電信線はそれらを無視している。こうした鉄道などが法的な地域単位の内部に住むひとびとに及ぼした影響は境界線の影響よりも深く及んでいるのである。現在の経済的秩序を特徴づけている協働的行為の形態は、きわめて巨大であり、かつ広範囲に及んでいるので、それらは公衆の最も重要な構成要素と権力の所在とを決定している。したがって、それが統治の諸機関を把えるまでに伸長することは避けられないことであり、今やそれは立法と行政とにおける規制的因子になっているのである。慎重に考慮され計画された自己利益の役割は大きいかもしれないが、それがそのおもな理由なのではなく、それが社会的な力の最も有能で最もすぐれた組織化であるからなのである。一言でいえば、現代の経済体制に適合する結合された行動の新しい形態は、世襲王朝の利害が二世紀前の政治を支配したのと同様に、現在の政治を支配している。それは、かつて国家を動かしていた利害が行なっていたところ以上に、思考や欲求に影響を及ぼしているのである。

前工業化時代の制度の残存

われわれは、あたかも古い法的、政治的制度の排除がほとんど完全であったかのごとく語ってきた。しかし、それは粗雑な誇張である。伝統と慣習のうち最も基本的なある種のものは、ほとんど影響を蒙らないでいる。その例としては、財産制度を述べるだけで十分であろう。「自然的」経済の哲学が、財産の法的地位が産業と商業とに及ぼした影響を無視した際の素朴さや、またそれがかつての財産の存在形態であった法的形式において富と財産とを同一視したやり方は、今日ではほとんど信じ難いものになっている。しかし、単純な事実の示すところでは、今日でもなお高度な技術を駆使する産業が高度な自由をともなって運営されてはいないのである。それはあらゆる点で制限され、歪められており、決してそれ自体の進路を歩んではいない。技術者は、封建的あるいは半封建的時代においてみられたように、第一義的関心が富ではなくて所有の利益にある企業の経営者に従属して働いているのである。かくて、「個人主義」の哲学者が正しく予言したひとつの論点は、彼らには予言するつもりは少しもなく、ただ既存の慣習を明確化し単純化したにすぎなかった論点にある。すなわち、それは、彼らが統治の主要な仕事は、所有の利益を保障することにあるとした点なのである。

今日高度なテクノロジィにもとづく産業に対してなされている告発の大部分は、工業化以前の時代から継承された法制が変わらずに存続していることに対してあてはまるものである。しかし、この問題を十把一からげにして私的所有の問題と同一視することは論点を混乱させることである。私的所有が社会的に機能することも考えられる。今日でもかなりの程度までそうである。そうでなければ、それは一日たりとも支持されえないであろう。その社会的効用の範囲は、私的所有の現在の作用に伴う無数の巨大な社会的不効用に対してわれわれを盲目にするほどであり、あるいは少なくともその継続をわれわれに承認させるほどである。真の問題点、あるいは少なくともまず初めに解決されるべき問題点は、私的所有制度が法的にまた政治的に機能する際の条件に関わっているのである。

最後の問題

かくて、われわれは結論に到達する。民主的統治形態、普通選挙権、多数投票による執行者と立法者の選出を実現した力が、同時にまた包括的で友愛的に結合した公衆の真の手段としての政府の有用性を要求する社会的、人間的理想を廃絶する条件をも作り出したのである。「人間関係の新しい時代」はそれに値する政治機構を持っていない。民主主義的公衆は大体において今なお不完全で未組織な状態にあるのである。

第四章　公衆の没落

民主主義に関する楽観論は今日では暗雲に覆われている。しかし、われわれは、しばしば怒りっぽくて、みさかいのない論調によって感情的な議論であることがはっきりしているような民主主義に対する告発や批判も聞きなれている。こうした告発や批判の多くは初期の〔民主主義〕賞讃の議論がおちいったのと同じ誤りをおかしているのである。彼らは、民主主義がある観念の、すなわち単一の首尾一貫した意思の所産だと主張している。カーライルは民主主義の支持者ではなかったが、ある明快な一文の中で、「印刷機を発明せよ。そうすれば、民主主義は不可避だ」と述べた。これにつけ加えて次のようにもいえよう。鉄道、電信、大量生産、さらには都市中心部への人口の集中などを発明せよ。そうすれば、人間的見地からいって、何らかの形での民主的統治が不可避である、と。今日存在しているような形での政治的民主主義は、無数の敵対的な批判を喚起している。しかし、これらの批判も、民主的統治を出現させた諸条件を認識しない限り、たんに怒りっぽさといじのわるさを示すか、あるいは優越感を示すにすぎない。あらゆる知的な政治批判は比較にもとづいている。それはすべてか無か式の状況をではなく、実際的な選択を扱うものである。絶対論的でみさかいのない態度は、賞讃であれ非難であれ、思考の明快さよりはむしろ感情の熱気を証明するものであろう。

アメリカの民主的政体のローカルな起源

アメリカの民主的政体は純粋な共同社会生活から、すなわち産業は主として農業であり、生産は主として手で動かす道具を用いて営まれていた、ローカルで小規模な〔生活〕中心部における結合関係から発展した。それは、イギリスの政治慣習と法制度とが開拓地の条件のもとで作用していた時代に形を整えた。結合の単位は流動的であり、移動的であったけれども、結合の形態は安定していた。開拓地の条件は個人の労働、熟練、発明の才、独創力、適応性、さらには隣人たちとの社交性などを大いに奨励した。町区、あるいはさして大きくない何らかの区域が政治の単位であり、タウン・ミーティングが政治機関であり、道路、学校、共同社会の平和などが政治の対象であった。州はこうした単位の合計であり、全国的な国家は——おそらく連合を別とすれば——諸州の連邦であった。建国者たちの想像力は、自治的共同社会の集積において達成されかつ理解されうる事柄を超えて、遠くにまで及ぶことはなかった。連邦執行部の首長選出のために設けられた機構はそれを例証する証拠である。選挙人団の構想は、市民たちは高い地位のゆえに地域的に知られている人々を選ぶであろうし、こうした人々が選ばれた時には、彼らは相談のために集まって、正直さと公共心と公共についての知識のゆえに知られている誰かある人を指名するであろうと仮定していた。このもくろみが急速に廃れたことは、そこで前提とされていた事態が実は一時的なものであったことの証拠なのである。しかし当初は、大統領選挙人の名前さえ有権者大衆に知られていない時代、有権者は多かれ少なかれ私的な幹部会で準備された「党公認候補者名簿」に一括投票するだけの時代、さらには、選挙人団が非人格的な登録機械であり、その結果ことの本質だと本来は考えられていた個人的判断を用いることが裏切りだとされる時代が到来しようとは夢想だにされていなかったのである。

われわれの諸制度を形成したローカルな諸条件は、一見体系を欠いているかにみえる公教育の体系によく現われている。それをヨーロッパ人に説明しようとしたことのあるものならば誰でも何を言おうとしているかを理解するであろう。たとえば、いかなる方式の運営が求められているのか、教科過程はいかに組まれており、権威ある教授方式とはいかなるものかなどと質問されたとしよう。その対話におけるアメリカ側の話し手は、この州では、あるいはたぶん郡では、町では、また場合によっては、区と呼ばれている町のある区画では、問題はかくかくであり、どこか他のところではしかじかだと答えることになろう。この国の話し手は、おそらく自分の無知を隠そうとしているのだと外国人によって思われることであろう。そして確かにこの問題を完全な形で述べようとするなら、ほんものの百科事典的な知識が必要とされるのである。穏当な形で一般化された答えを出すことがまったく不可能なので、わかりやすく説明するためには歴史的な説明に頼らざるをえない。構成員同士がおそらくはあらかじめ相互によく知りあっているような小さな集落が、ほとんどあるいはまったくの荒野ともいうべきところに設立されるとする。集落の利益についての確信と、主に宗教的な伝統とによって、彼らは子弟に少なくとも読み方、書き方、数え方を学ばせることを望む。家族はたいていは家庭教師をあてがうことができない。そこである区域に住む隣人たちが、とくにニューイングランドでは町区よりも小さい区域に住む隣人たちが「学校区」を作るのである。彼らは学校の建物を建てさせるが、それも多くは彼ら自身の労働によって建てるのであり、委員会を通じて教師を雇い、税金で教師の報酬を払う。慣習が教科過程の範囲を決め、伝統が教師の方法を定め、それがさらに教師の個人的識見と彼が集中できる技能とによって修正される。荒野は徐々に征服され、道路網とついで鉄道網が、かつては散在していた共同社会を結合する。大都市が生まれ、教科はより多様になり、方法はより注意深く吟味される。いっそう大きな単位において、訓練を受けた教師が学校に供給され、彼らの資格はよりいっそう注意深く吟味され、検査されるが、しかしその単位は州であって、連邦ではない。しかしこのように、全国政府によるものではないにせよ、州の立法部によって課せられたある種の一般的条件に服しながらも、なお地域による維持や規制は支配力を保っている。共同社会による型の違いはより複雑になったが、まだなくなってはいない。こうした実例は、われわれがイギリスから借用した政治制度を作り直し成長させた事態について十分な示唆を与えると思われるのである。

テクノロジィ上の諸要因にもとづく国民的統一

要約すれば、われわれは地域的なタウン・ミーティングの慣習と思想とを継承した。しかし、われわれは大陸的規模の国民国家において、生活し、行動し、かつわれわれの生命を保持している。しかも、われわれはむしろ非政治的紐帯によって結合を保っているし、政治上の諸形態は無理にひきのばされ、法的諸制度は、それらが果たさなければならない仕事を行なうために、特殊な目的にあわせた一時しのぎのやり方で、つぎはぎだらけにされているのである。政治構造は、非政治的な産業化された時代の流れが進んでいく水路を固定化している。鉄道、旅行と運送、商業、郵便、電信電話、新聞などは、それらが相互作用と相互依存とを作り出しているがゆえに、事態を一つの全体として進行させるに十分なだけの、思想と感情の類似性を創り出しているのである。軍事的帝国とははっきりと区別される国家がかくも広大な領域にわたって存在しうるのは前例のないことである。合衆国ほどの広大な国土に及びながら、名目的とはいえ自治を享受し、巨大な、しかも人種的には多様な人口から成る統一国家を維持するという考えは、かつては最も突飛な空想に属するものと思われていた。こうした国家は都市国家よりも大きくなく、しかも同質的な人口から成る地域においてのみ見出されると仮定されていた。純粋な国家は相互に個人的な面識の可能な程度の人口数以上に大きくはなりえないということは、プラトンにとって――のちにはルソーにとっても――ほとんど自明の理だと思われていた。われわれの現代国家の統一は、見解と情報の迅速かつ容易な流布を促進するために、また面識的共同社会の限界をはるかに超えて及ぼされる不断の錯雑した相互作用を生み出すためにテクノロジィを使用した結果にもとづいている。政治的かつ法的諸形態は産業上の変化にいちじるしく遅れて、しかもただ少しずつ、ためらいながら、こうした変化にみずからを適応させてきた。距離の消滅の核心には物理的な力があるのだが、それが政治的結合の新しい形態を生み出してきたのである。

こうした変化が達成されたことの驚異は、それが達成される際に負わされていたハンディキャップを考えると、いっそう大きなものになる。移民の流入はきわめて巨大であり、しかも雑多なものであったから、以前に支配的であった状況のもとであったならば、異国の遊牧民の移住による侵入がただちにヨーロッパ大陸の社会的均衡を覆してしまったのと同じくらい確実に、いかなる統一の外見をも粉砕してしまったであろう。いかに慎重に採用された方策もこれまで現実に生じたことを達成することはできないのである。機械的な諸力が作用していたのだから、もしその効果が生気にあふれたものであるよりむしろ機械的なものであるとすれば、それは驚嘆の原因にはならない。母国ではしばしば相互に敵対しあっていた雑多な諸国民から巨大な数にのぼる新しい人口の構成要素を受けいれたこと、彼らを外部からさえはっきりとわかる統一にまで結合させたこととは驚くべき功績であった。多くの点で統合は急速にしかも間断なく進行したので、他の国民ならば大いに尊重したかもしれない価値の多くが失われた。政治的統一の創出はまた社会的・知的画一性、知的凡庸さに好都合な規格化を促進した。見解も、外面的行動様式と同様に規格化された。開拓者の気質と特色とは驚くべき速さで消え失せ、その残余の沈澱物も、しばしば述べられているように、未開の西部を扱った小説や映画の中にのみ現われてくるにすぎない。バジョットが慣習の塊り《ケーキ》と呼んだものは、その変化の加速度を増しつつ形成されているが、そのケーキはあまりにもしばしば味のないふやけたものになっている。大量生産は工場だけに限られてはいないのである。

政治的統合の達成は、もし民主政体の初期の支持者が現在の情景を高所から眺めているとすれば、彼らを驚かしているに違いないが、それは同様にその初期の批判者の期待をも裏切るものであった。批判者は統合の解体と不安定とを予測した。彼らは新しい社会がばらばらになり、相互に反撥して活潑に動く砂粒のごときものに分解すると予見していた。また、彼らは「個人主義」の理論を民主的統治の基礎としてまじめにうけとっていたのである。社会が永遠の過去から続く諸階層に分化しており、各階層の内部では各人が各人の固定された地位に応じて定まった義務を遂行すること、それが彼らにとっては安定の唯一の保証だと思われていた。それゆえ彼らは、個人が党派を形成し、権力を握り、ついで新たに一時的に作られた他の党派がより強力になると、その権力を失うというようなことになれば、統治体制は動揺を免れないと予言していた。もし事実が個人主義の理論に従っていたとすれば、彼らは疑う余地なく正しかったであろう。しかし、この理論の作者と同様に、彼らも統合に寄与したテクノロジィの力を無視していたのである。

公衆の沈没

達成された統合にもかかわらず、あるいはむしろその性質のゆえに、公衆は失われているように思われる。あるいは少なくとも公衆が困惑していることは確かである（ウォルター・リップマンの『幻の公衆』をみよ。彼の『世論』とともにこの著作に対して、私は多くを負うていることを感謝したい。それはここでの特殊な論点に関してだけではなく、私の論文全体に含まれる思想についてもいえることであり、彼とは異なった結論に到達している場合でさえ同様である）。政府、公職者、そして彼らの活動は、明らかにわれわれの身近なところにある。立法部はぜいたくすぎるほど多くの法律を作っている。下級の公職者はある種の法律を実施するために形勢の不利な闘争に従事している。法廷の判事はたえず数を増しながら彼らの前に現われる事件の山を最善をつくして処理している。しかし、これらの公職者が代表していると考えられる公衆はどこにいるのか。それはどの程度まで、地理的名称ないし公職の称号以上のものであるのか。それは合衆国であり、オハイオ州あるいはニューヨーク州であり、この郡ないしあの市であるのか。公衆とは、ある皮肉な外交官がかつてイタリーと呼んだもの、すなわち地理的表現以上のものであるのか。かつて哲学者は、属性や特徴に何か内在的なものを持たせ、それによって属性や特徴にそれらが表面上は欠如している概念的堅実性や一貫性を賦与するために、属性や特徴に実体を着せかけた。それとまったく同様に、おそらく現在の政治的「常識」哲学も公職者の行動様式を支持し、実体化するためにのみ公衆を用いているのである。かくて、われわれは絶望して、もし公衆がないとすれば、公職者はいかにして公職者たりうるのかと問うことになる。もし公衆が存在するとしても、ヒューム以来の哲学者が自我の所在と構造とについて確信を持てなかったように、公衆もそれ自体の所在について確信を持てないことは間違いのないところであろう。貴重な権利を行使する有権者の数は、その使用を認められた人々の数に比例して不断に減少しつつある。有権者に対する実際の投票者の比率は今では約二分の一である。いささか気違いじみた訴えかけや組織的な努力にもかかわらず、有権者に権利と義務の感覚を呼び起こそうとする努力は、これまでのところ失敗であったと認められている。ある少数の人々はいっさいの政治の無力さを説き、多数の人々は無頓着に〔政治的〕禁欲を実行しながら、直接的関係のない行動にふけっている。投票の有効性に関する懐疑論は公然と表明されており、それは知識人の理論の中にだけではなく、下層大衆のことばの中にも現われてくる。「私が投票するかしないかということで、どういう違いが現われるのか。いずれにせよ、事態はまったく同じに動いているのだ」。もう少し思慮深い者はつけ加えるであろう。「それは与党と野党との間の戦い以外の何ものでもない。選挙によって生ずる唯一の差異は誰が仕事を得るのか、誰が報酬をひき出すのか、誰がプラムの木を振り落すのかということだけだ」。

一般化することをさらにいっそう好む人たちは、政治活動の全装置は、巨大企業がいかなる場合にも政府というねぐらを支配しているという事実を隠蔽するための保護色の一種だと主張している。企業は現代の秩序であり、その進路を止めたりゆがめたりしようとする企ては、ほうきで潮の流れを押し返そうとしたパーティントン夫人の企てと同様に、徒労に終わるであろうとされる。こうした意見を持っている人々の大半は、もし経済的決定論の教義が彼らに論争をいどんできたら、憤慨していることを告白するであろうが、しかし彼らも事実上はこの教義に根ざす確信にもとづいて行動しているのである。こうした教義を受容するものは何も急進的な社会主義者だけに限られてはいない。それは、巨大企業や金融業界に属して、急進的社会主義者を破壊的「ボルシェヴィスト」だとののしる人々の態度にも暗に含まれている。なぜならば、「繁栄」――宗教的色彩を帯びたことばである――は国の至上の要請であり、彼らはその創始者および保護者であって、それゆえに彼らは当然の権利として政体の決定者なのだというのが、彼らの確固たる信念だからである。社会主義者の「唯物論」に対する彼らの非難は、社会主義者が物質的な力と福祉とについて現在支配的立場にある人々を満足させているのとは異なった配分の仕方を要求しているという事実にもとづいているにすぎない。

観念や機構と現状との不一致

どのような形での公衆が存在するにせよ、名目上公衆の機関である政府という点に関して公衆が不完全なものであることは、法制外の諸機関が成長してきたということの中に示されている。中間集団は、事柄の政治的処理にとって最も近くにあるものである。党派に関する一八世紀のイギリスの文献を、政党が実際に占めていた地位と比較するのは興味深いことである。党派心はあらゆる思想家によって政治的安定に対する主要な敵として非難されていた。彼らの非難の叫びは一九世紀初期のアメリカにおいて政治を論じていた著作家の著述の中にまで反響していた。今では、政党と名づけられた大規模でしかも統合された集団が当然の事柄とされているだけでなく、民衆の想像力は、公職者が選出されたり、統治上の事柄が処理されたりする際の方式として、政党以外の方式を考えることができなくなっている。集中化の進展は、第三党でさえ一時的で不安定な存在しか保ちえないまでに至っている。個人の意思により実行に移されるはずの選択を意識の奥深いところで行なう個人の代わりに、彼らにはほとんど知られていない人々の党公認候補者名簿に投票するという神聖な機会を持つ市民が存在するのであり、しかもその候補者名簿は市民に代わって幹部会の中の秘密機関が作り上げたものであって、こうした幹部会の働きは一種の政治的宿命ともなっているのである。二枚の候補者名簿の間で選択をなしうるということは個人的自由の高度な行使ででもあるかのように語る人々もいる。しかし、それは個人主義的原則の創作者たちによって考えられていたような自由ではないであろう。「自然は真空を嫌う」。公衆が今日のように不確実かつ不明確なものとなり、その結果統治から遠く離れてしまう時には、政党マシーンを駆使するボスたちが統治と公衆との間の空白を埋めるのである。ボスを動かす弦をはじき、さらにマシーンを動かす権力を生み出しているのは誰かというようなことは、時折公然と現われるスキャンダルの場合を除けば、記録の領域であるよりはむしろ推測の領域に属することなのである。

生じつつある破綻の例証

しかし、「巨大企業」が曲を奏したり、弦をはじいたりしているのであり、ボスたちはそれにあわせて踊っているにすぎないのだという主張は別にしても、政党が今日では十分な意味での政策の創造者でないことは確かである。政党は、公表された原則の如何にかかわらず、少しずつの適応という形で時流に屈服しているからである。こうした傾向は週刊誌の短評にも書かれている。「南北戦争の終結以来、連邦議会で具体化されたより重要な方策のすべては実際には、争点を明らかにして二大政党を分立させてきたところの全国選挙とは無関係に達成されてきた」。公務員制度の改革、鉄道の規制、上院議員の直接選挙、連邦所得税、婦人参政権、禁酒立法などはこうした主張を実証するといえよう。それゆえに、次のような別の短評も正しいように思われる。「アメリカの政党政治は、民衆の感情を刺戟し、激しい論争をまきおこしそうな争点が、アメリカ国民の目にふれないようにするためのしくみなのだと思われることがある」。

　これを消極的に確証している事実は、児童労働をめぐる修正条項の運命にもみられる。議会に児童の労働を規制する権限を与えることの必要性は、それが最高裁判所の判決により否定されて以来、あらゆる政党の綱領の中で主張されてきたし、この考え方は権力を握った政党に属していた最近の三人の大統領によっても是認されていた。だがこれまでのところ、憲法修正の提案は必要な支持を確保しそうな状況にない。政党は支配しているかもしれないが、しかし統治してはいない。公衆ははなはだしく混乱しかつ没落しているので、政治的行動と組織を媒介すると考えられている諸機関を使用することさえできないでいるのである。

　個々人の私的判断によって裁かれるべき代表の責任云々の主張はさておくとしても、選挙された代表は選挙民に対して責任を持つという理論が衰微したことは、すでに述べたのと同じ教訓を与えてくれる。この理論の用語が「豚肉樽《ポーク・バレル》〔利権法案のこと。利権を求めて国庫にむらがる議員たちの有様が、奴隷主の開く豚肉の樽をめがけて殺到する奴隷たちの有様に似ていることからこの名称が起こったといわれる〕型」の立法の際に最も頻繁に現われるということは少なくとも暗示的である。そこでは、代表は地方の要求を満たすことに失敗した時にはその理由を明らかにすることを求められ、あるいは地方の願望を実現するに際して根気強く努力して成功した時には報酬を受けるのである。しかし、重要な問題については、この理論が用いられることは時折みられるにしても、それが確証されたことはほとんどない。そういう例はあってもきわめてまれなので、少しでも熟練をつんだ政治の観察者ならば、それらを名前をあげて列挙しうるほどである。このように選挙民に対する個人的責任が欠如している理由は明らかである。選挙民はむしろ無定形な集団から成っている。彼らの政治上の諸観念や信念は選挙と選挙の間の時期にはたいてい休止状態にある。作為的に加速されて政治的興奮の昂まっている時でさえ、彼らの見解は、独立した個人の判断によってというよりは、むしろ諸集団の流れによって集合的に動かされているのである。一般に、選挙で当選を願う人の運命を決めるものは、彼の政治的優秀さでも政治的欠陥でもない。時の流れが権力を握っている政党に、あるいは有利にあるいは不利に働くと、その流れの働き方に応じて個々の候補者が浮いたり沈んだりするのである。時には一般的な見解の一致、たとえば「革新的立法」を支持する明確な傾向とか、「平常への復帰」の要求とかいったものも存在する。しかしその時でさえ、選挙民に対する個人的責任にもとづいて当選しうるのは例外的な候補者にすぎない。「潮のうねり」がある候補者を窮地におとしいれたり、「地すべり《ランド・スライド》〔党勢の大変動のこと〕」が他の候補者を公職につかせたりするのである。他の時には、慣習、党資金、マシーンの統率者の手腕、ひきしまったあごを持った候補者の肖像、愛らしい妻や子どもたち、さらにその他多くの見当違いなことが問題を決めるのである。

公衆の発見という問題

こうしたばらばらの論評は、それらが何か新奇な真理を表わしてくれるだろうという確信のもとになされているのではない。こうした事柄は身近なものであり、政治の舞台においてはありふれたことである。舞台を注意深く観察しているものならば誰でも、それを無限に拡大することができよう。重要なことは、身近であることが軽蔑とまではいかないまでも無関心を培ってきたことなのである。無関心は一般的な冷淡さの現われであり、冷淡さは、公衆がはなはだしく困惑しているために、自己自身を見出しえないでいるという事実を示している。ここでの観察はある結論をひき出そうという目的でなされてはいない。それは公衆とは何かという課題の輪郭を明らかにするために示されているのである。公衆が存在するとすれば、公衆がみずからを再認識し、かつ表現する途上での障害は何であるか。公衆とは一個の神話なのか。あるいは、それは、決定的な二者択一を迫られる問題、たとえば人の運命を既存の制度の保持に賭けるべきか、それとも新しい傾向を促進することに賭けるべきかというような問題の現われる、社会的変化のいちじるしい時代にのみ生ずるものであるのか。専制的抑圧と感じられるに至った王朝の支配に対する反抗の際にか。あるいは、農業階級から工業階級へと社会の権力が移動する際にか。

民主主義対専門家

現在の問題は、政策を形成することよりは、むしろ行政上の事柄を処理する専門家を確保することにあるのではないであろうか。現在の混乱と無関心とは、社会の真の精力《エネルギー》が物事の処理にあたっている訓練された専門家によってあらゆる非政治的な事柄へと向けられているのに、政治は過去において〔現在とは〕まったく異なった種類の状況を扱うために形成された機構と思想により営まれているという事実に起因するのだと主張されうるであろう。公衆は、老練な学校教師、有能な医師や企業経営者を発見することにとくに関心を寄せたりはしない。医者に医術の実際を教えたり、商人に販売の技術を教えたりするために、公衆の干渉が必要とされるようなこともない。こうした職業およびわれわれの時代を特徴づける他の職業における営みを導いているのは、科学および疑似科学である。重要な統治上の問題もまた、今日では本来専門家によって処理されるべき技術的に複雑な事柄だと主張してよいであろう。そして、もし現在国民が専門家を発見して彼らに行政を委託することの重要性を認めるように教育されていないとするならば、根本的な障害は、一般的な社会政策の形成と執行とを決定することに関心を持つ公衆が存在しているという、いわれのない確信に潜んでいるのだと主張することにも一応の理由はあるといえよう。しかし、おそらく選挙民の無関心は人為的な興奮を煽りたてようとする際に用いられる争点が見当違いのわざとらしさを持っていることに起因するのである。そして、おそらくこうしたわざとらしさは、結局のところ政治的信条や機構が、科学とテクノロジィの未成熟のために一定の社会状況を処理して明確な社会的必要を解決するための一定の技術を生み出しえなかった時代の遺物だということに主として起因するのである。人間の起源に関する原始へブライ民族の伝説の方が科学的研究の成果よりも権威があるということを法によって決めようとする企ては、専門化された調査により導かれる専門家よりも、むしろ政治的目的のために組織された公衆こそが、争点の最終的審判者であり裁断者であるとする原則が受容された時に、必ずや起こる種類の事柄の典型的な例として引用されてよいであろう。

今日最大の関心を呼んでいる問題は、衛生施設、公衆衛生、健康的で適当な住宅供給、輸送、都市計画、移民の規制と配分、人事の選定と管理、正しい指導方法と有能な教師の準備、課税の科学的調整、財政資金の有効な管理などの問題だといってよいであろう。これらは鉄道による輸送や移動のために有効なエンジンを組み立てるのと同様に技術的な問題である。エンジンの場合のように、それらは事実にもとづく研究によって解決されるべきであり、またこうした研究が必要な知識を身につけた者によってのみ行なわれるように、研究の成果も訓練された専門家によってのみ役立てられるのである。こうした事柄が頭数を数えることや、多数決による決定や、さらには伝統的統治の全装置とどういう関係にあるのか。こうした点を考慮にいれるならば、公衆とその政治的目的のための組織体とは一個の幽霊にすぎないだけではなく、その幽霊は歩き、語り、さらには絶望的な形で政府の行動を不明確にし、混乱させ、誤った方向に導いているのである。

こうした考え方は行政活動については適切なものであるとしても、私は個人的にはそれが政治領域全体を覆うものだとは決して考えていない。それは技術的かつ専門的な行動が活動し始めることのできる以前に、調整され、解決されていなければならない〔対立しあう〕諸力を無視している。しかし、それは次のような基本的な問題を指摘し、かつ明確にするのを助けてはいる。すなわち、結局のところ現在の状況のもとでの公衆とは何か。それが没落した理由は何か。それが自己を発見し確認することを阻んでいるものは何か。その不完全で無定形な状態が、現在の社会の必要と機会とに適合した有効な政治行動へと組織化されるにはいかなる手段が必要であるか。政治的民主主義の理論が確信と希望に満ちて表明されて以来の一世紀半の間に、公衆に何が生じたのか。

公衆の没落の説明

これまでの議論は、公衆を生じさせた諸条件を明らかにしてきた。それはまた「人間関係の新時代」を生み出すに至った原因のいくつかについても述べてきた。こうした二つの議論が相互に関連させられる時、それらは今述べた問題に対するわれわれの解答をひき出すための前提を形成する。共同的で相互作用的な行動がもたらす間接的で広範で永続的で重要な諸結果が、これらの諸結果を規制することに共通の関心をいだく公衆を生じさせる。しかし、機械時代は間接的諸結果の及ぶ範囲をいちじるしく拡大し、多様化し、激化し、かつ複雑化したために、また行動における巨大で統合された結合体を共同社会の基礎よりはむしろ非人格的な基礎の上に形成したために、結果として生じた公衆は、自己を確認し、識別しえないでいる。しかも、こうした発見は、明らかに公衆の側における有効な組織化のための先行条件なのである。公衆の観念と利益とが没落したことについてのわれわれの考え方はこうしたものである。あまりにも多数の公衆が存在し、また公衆の関心があまりにも多岐にわたっているために、現に存在している方策では対処しえないのである。公衆を民主的に組織するという課題は、それが過去の政治上の事柄とかけ離れたものであればあるだけ、第一義的にまた本質的に知的課題となるのである。

ここでのわれわれの関心は、「大社会《グレート・ソサイティ》」を発展させた機械時代が、以前の時代にみられた小共同社会に押し寄せ、部分的にそれを解体したが、「大共同社会《グレート・コミュニティ》」を生み出すことがなかったということがいかにして生じたかを明らかにすることである。こうした事実は十分に身近なものであるが、ここで特に重要なのは、それらの事実と民主主義的公衆の組織化を阻んでいる障害との関連を指摘することである。なぜならば、現象が身近なものだということがまさにその意義を押し隠し、それと直接の政治上の課題との関係に対してわれわれを盲目にするからである。

第一次世界大戦による例証

第一次世界大戦の及んだ範囲という問題は、この議論に対して便利でしかも適切な出発点を与えてくれる。戦争の拡がりは、そこに含まれていた諸条件がきわめて新奇なものであったから、まったく先例のないものであった。一七世紀の王朝間の相剋も同じ名称で呼ばれている。われわれはただ一つの「戦争」という語しか持ちあわせてはいない。ことばが同一であることは、あまりにも容易にわれわれの目から意味の違いを隠してしまう。われわれはすべての戦争をまったく同じものと考えているが、ただ最近の戦争だけは他の戦争よりもはるかに恐しいものであった。諸植民地も戦争にひきいれられた。自治を認められていた植民地は自発的に参加した。所有物も軍隊のために徴発された。同盟が、イギリスと日本、ドイツとトルコの場合のように、人種と文化の違いにもかかわらず、遠隔の国々と締結された。文字通り地球上のあらゆる大陸が戦争にひきこまれたのである。間接的な影響も直接的なそれと同様に広範であった。兵士たちだけでなく、財政、産業、世論もまた動員され統合された。中立は危険な事柄であった。ローマ帝国が地中海地域の土地と人民とを自分自身の中に組み入れた時代は、世界史における危機の時代であった。世界大戦は、その時一地域に起こったことが今や全世界にわたって起こりつつあることの疑う余地のない証拠としてきわだっている。ただ、今のところ多様に分かたれながらも相互に依存しあっている諸国を含みこんだ包括的な政治組織は成立していないというだけなのである。こうした情景を部分的にせよ思い浮べるものならば誰でも、「大社会」の意味を確信をもって想起するであろう。それは現に存在しているが、しかしそれは統合されていないのである。

　比較的少数の人々の共同的な活動の及ぼす広範で永続的で複雑でかつ重大な諸結果が地球を横断しているのである。池の中に投げこまれた石とか、一列に並べられた九柱戯《ナインピンズ》〔九本のとっくり型の柱を並べ球を転がしてこれを倒す遊戯。いわゆるボウリングのこと〕の柱とか、大火災をひき起した火の粉とかいった比喩は、現実と比べれば生ぬるいものである。戦争の蔓延していく様は、何の抑制も受けない自然の大変動が及ぼす動揺に似ているように思われた。国境で囲まれ、名目的に独立した国民国家の中での国民の統合ということの裏側には、人々の行動が全世界にわたって他の国家内の集団や個人に影響を及ぼしているという事実がある。ある一地点で始動させられたエネルギーを地球のあらゆる部分へと伝播させる関係ないし紐帯は、触れたり見たりすることのできるものではない。それらは政治的に境界づけられた国家のようにめだつ存在ではない。しかし、戦争はそれらが現実に存在することを示しており、またそれらが組織されたり規制されたりしてはいないことを証明している。戦争はまた、現存の政治的・法的諸形態と諸制度がこうした状況を処理する能力を持たないことを示唆している。なぜならば、その状況とは政治的国家の現体制と、政治形態に適合しない非政治的諸力の作用との共同の所産だからである。われわれは病気の原因〔となった諸力〕が自分たちの作り出した病気を治療するために有効に結合することを期待するわけにはいかない。必要なことは、非政治的な諸力が現在の政治構造を変革するためにみずからを組織することであり、分裂し、混乱している公衆を統合することなのである。

公衆の基準の適用

一般的にいえば、非政治的諸力は、テクノロジィの時代がそうした諸力の正常な働きを偏向させ歪曲させるように機能している現在の政治機構の中に投げ入れられたことを示している。戦争が一つの現われであるような状況を創り出した産業上および商業上の諸関係は、重大な事柄にも些細な事柄にも明瞭に現われている。それらは原料や遠隔の市場をめぐる闘争や、国債の動揺などに示されていただけではなく、ローカルな重要でない現象にも示されていた。故国を遠く離れた旅行者は戦争状態にない国々においてさえ、彼らの信用状を現金化できなかった。一方では株式市場が閉鎖され、他方では不当利得者たちが巨万の富を蓄積していた。国内のできごとから一例をひくこともできる。大戦以来の農民の苦境は国内政治における一個の争点となっている。〔戦時中は〕食料や他の農産物に対する大きな需要が起こり、価格は騰貴した。こうした経済的刺戟に加えて、農民は収穫高を増すようにという不断の政治的奨励の対象であった。インフレーションと一時的な繁栄がそれに続いた。やがて、現実の戦争状態が終わる時がきた。疲弊した国々は戦前の水準でさえ食料品を購入してその支払いを行なうことができなかった。租税はいちじるしく増大した。通貨はその価値を減じ、世界の金の供給はここアメリカに集中した。戦争と全国的な浪費による刺戟が、工場や商店の在庫品を蓄積した。賃金と農具の価格は上昇した。デフレーションが到来した時に、見出されたものは、限られた市場、生産費の上昇、そして熱狂的拡張の時期には軽く考えられていた抵当に苦しめられている農民だったのである。

この例は、それが他の諸結果、とくにヨーロッパに生じた他の諸結果に比べて、特別に重要だからというので引かれたのではない。それは、それらと比べれば、また大戦後いわゆる後進諸国の到る処で起こっている民族主義的感情の昂揚と比べれば、相対的にいって些細なことである。しかし、それは今日の複雑で相互依存的な経済関係から生じて枝状に拡がっていく諸結果を示しており、また予見や調整がいかにわずかしか存在していないかを示している。農業に従事する人々が、彼らがまきこまれていた基本的な関係のもたらす諸結果に関する知識をもって行動することはほとんど不可能であった。彼らはこうした諸結果に対して一時的なまにあわせの対応を行なうことはできたが、事態の成り行きを制御しながら適応して彼らの業務を管理することはできなかった。彼らは不可抗的な力の作用に服従している不運な人々なのであって、彼らはその力の作用についてはほとんど何も知らず、またその力の作用に対しては天候の変化に対してと同様にほとんど制御を加えていないのである。

こうした説明に対して、それが戦争という異常な状況にもとづいているという理由で反対することはできない。戦争はそれ自体社会の底流にある未統合な状態の正常な発現であった。ローカルで面識的な共同社会に侵入した諸力は、巨大で、その発端は遠隔的であり、その射程は広範囲に及び、その作用は複雑かつ間接的であったために、ローカルな社会単位の構成員の立場からみれば、未知なものである。しばしばいわれてきたように、人間は仲間たちと一緒であるにせよないにせよ、日々を過していく上で困難に出会うものであり、それは隣人たちの中にいる時でさえ同じである。仲間たちが遠く離れたところで各自の目に見えないようなやり方で行動する場合には、人間が仲間たちと仲良くやっていくことはいっそう困難であろう。未完成な公衆は、ただ間接的な結果が認知され、そうした結果をひき起した事態を秩序づける機関を計画することができる場合にのみ、組織化が可能なのである。現在のところでは、多くの結果は、認知されるよりはむしろ感知されているにすぎない。それらは経験されてはいるが、知られているということはできない。なぜならば、その多くの結果はそれらを経験するひとびとによって、それらの起源にまで関連づけられていないからである。それゆえ、社会的行動の流れに一定の方向を与え、それによって社会的行動を規制する機関が確立されていないことはいうまでもない。かくて、公衆は無定形で不明確なままなのである。

伝統的諸原則の破産

ひとびとがある少数の政治原則を心に抱き、ある程度の確信をもってそれらを適用していた時代があった。ある市民は州権を信じ、あるいは集権的連邦政府を信じた。またある市民は自由貿易を信じ、あるいは保護貿易を信じた。自分の運命をある政党または他の政党に賭けることによって、彼は自分の見解を表明することができるから、自らの信念が統治の際に勘定にいれられるであろうと想像するのにはさして頭脳を労する必要がなかった。

今日の普通の有権者にとっては、関税問題は限りない細目からなる複雑な寄せ集めであり、数え切れないほどの事物についての項目別および価格別の税率を記した一覧表であり、その多くについて彼は名前を覚えることもないし、また何らかの判断を下すこともできない。税率が列挙されている分厚いページに目を通すものさえおそらく千人の有権者に一人もないであろうし、またそれを読んだところで、大いに賢くなることもないであろう。普通の人々はそれを役に立たない仕事として放棄しているのである。選挙の時になると、いくつかの使い古されたスローガンへの訴えが有権者をにわかに元気づけ、自分もある種の重要な問題について確信をいだいているのだという考えを一時的に持たせるが、しかし争点になっているあれやこれやの税率表に何らかの利害を持つ製造業者や商人を除けば、こうした信念には個人的関心事についての信念にみられる属性が欠けている。産業はあまりにも複雑で入り組みすぎているのである。

さらに、有権者は個人的偏好や伝統的信念から、地方の統治の範囲を極大化し、集権化の弊害を痛烈に非難する傾向を持っているかもしれない。しかし、彼がアルコール飲料の取引に伴う社会的弊害を断乎として確信しているとしよう。彼は彼の地方、町区、郡、州の禁止立法は外部からの酒類の持ち込みによって大部分無効にされており、しかもこうした持ち込みは輸送の現代的手段によって容易になっていることに気づく。その結果、彼はアルコール飲料の製造や販売を規制する権限を連邦政府に賦与するよう憲法を修正することに賛成するようになる。これはその結果として連邦の公職者と権限との必然的な拡大をもたらす。かくて今日では、州権論の伝統的本拠であった南部が全国的禁酒立法すなわちヴォルステッド法のおもな支持者なのである。どれだけの有権者が自らの明言している一般的原則と飲酒問題における自身の特殊な立場との間の関係に気づいているかを正確に述べることはできないであろうが、おそらく多くはないであろう。他方では、州権主義的地方自治の危険を唱えてきた終生変わらぬハミルトン主義者〔合衆国初代の財務長官であったアレクサンダー・ハミルトンの立場を支持するもの。具体的には中央集権や保護関税を主張する〕が禁酒立法に反対している。それゆえ、彼らはこの場合に関する限りジェファソン主義〔合衆国第三代の大統領トマス・ジェファソンの立場を支持するもの。具体的には、地方分権と人民の直接的政治参加を強調する〕の主張に共鳴しているのである。しかし、矛盾を嘲笑することは容易ではあるが、また見当違いでもある。社会状況が工業時代の諸要因によっていちじるしく変化したために、伝統的な一般原則はその実際的意味をほとんど失っている。それは道理にもとづいた思想としてよりはむしろ情緒的な叫び声として残存しているのである。

同じような矛盾は鉄道の規制に関しても生じている。強力な連邦政府に反対するものも、彼が農民か荷主であれば、料金が高過ぎることに気づいている。彼はまた鉄道が州の境界にほとんど注意を払っていないこと、かつては地域的なものであった線路が巨大な系統の部分になっていること、したがって州の立法や行政は彼の目的にとっては無力であることにも気づく。こうして、彼は全国的規制を要求する。他方では、中央政府を支持する側の党派に属するものでも、彼が株式や社債への投資家であれば、彼の収入が連邦の介入により影響されて不利益を蒙りそうだということに気づき、その結果全国政府の助力に訴えようという腹だたしい傾向に対してはただちに反対する。全国政府の助力は、今や彼の目からみれば、愚かな温情主義にすぎない。工業と商業の発展はきわめて複雑な事態だから、一般的に適用しうる明確な判断基準を持つことは実際には不可能になっている。木のために森をみることができないし、森のために木をみることができないのである。

諸々の原則的立場における実際的な方針の推移——すなわちそれらの適用に際しての演繹の仕方の推移——を示す顕著な例は、工業や貿易に対する政府の「干渉」の極小化を意味するものと解されてきた「個人主義」の原則の歴史にも現われている。最初には、それは「革新主義者」、すなわち、法の支配と行政との古い体制に対して抗議していた人々によりいだかれていた。反対に既得権益層は大体において古い制度に好意をいだいていた。今日では、工業的財産の体制が確立されており、個人主義の原則は非改革派と反動派の知的堡塁となっている。目下のところ放任されることを望んでいるのは、こうした側の人々であり、彼らこそが、私的な勤勉、節約、契約、さらにはそれによる金銭的利得のための自由を大声をあげて主張しているのである。合衆国においては、党派の呼称としての「リベラル」という名称は、今なお政治的な面では革新主義者を指し示すのに用いられている。他のほとんどの国々では「自由《リベラル》」党は、政府の規制に反対する既存および既得の商業的ないし金融的利益を代表する党派なのである。理論の文字通りの連続性にもかかわらず、「自由主義《リベラリズム》」ということばの実際的意味に生じた逆転以上に、歴史の皮肉を明らかに示すものはないであろう。

政治的無関心の原因

政治的無関心は現実に行なわれていることと伝統的機構との間の矛盾の当然な所産であるが、それは特定の争点と自分自身を関係づける能力の欠如から生じたものである。こうした争点は巨大で複雑な現代の生活の中では発見したり、位置づけたりすることの困難なものである。伝統的なスローガンは、こうした争点に合致した実際的政策においてはその意味内容を失ってしまったために、ばかばかしいでたらめとして簡単に忘れ去られている。道理にもとづいた確信よりもむしろ慣行と伝統だけが、公民の義務を遂行するというあいまいな信念と結びついて、今なお投票することをやめていない五〇パーセントというかなりの率の人々を投票所へ送りこんでいるのである。さらに彼らについても、強力な機関が恐怖の種でもまかぬ限り、多数の人々は何かあるいは誰かに賛成してというよりは、何かあるいは誰かに反対して投票するということが広く認められているところである。古い原則は、かつてそれらが現われた時代にはきわめて重大な利益をどんなによく表明していたとしても、現代のあるがままの生活には適合していない。多数のひとびとは、彼らの感じていることを明確にさせることはできないとしても、古い原則が空虚であることを感じてはいる。社会的活動の規模と複雑度とがもたらした混乱は、政治行動の有効性に対してひとびとを懐疑的にしている。誰がこうした状態に満足するであろうか。ひとびとは、自分たちが理解したりあるいは統制したりするにはあまりに巨大な力の流れにとらえられていることを感じている。思考は行きづまりに来ており、行動は麻痺させられている。専門家でさえ「原因と結果」の連鎖をたどることに困難を感じており、また結果が生じた後になってはじめて後方へ目をやりながら仕事にとりかかるにすぎないのであるが、そうしている間にも社会の諸活動は動き続けて新しい事態を生み出しているのである。

専門家の必要性

同様の考え方が、すぐれた行政官の必要性については評価が高くなりつつあるのに比べて、民主主義的政治行動を支える機構が軽視されているのを説明してくれる。たとえば、大戦の副産物の一つは、戦場での軍隊にとっても、また農民にとっても同様にいちじるしい重要性を持った化学製品である窒素の製造のために、政府がマスル・ショールズ〔テネシー河流域にあり、第一次大戦中に硝酸塩製造のため政府所有の工場が建設され、後のTVA設立の発端になった〕に工場を建設したことであった。その設備の処分と利用は今や政治的論争の対象になっている。そこに含まれている問題は、科学、農業、工業、財政の諸問題であり、高度に技術的なものである。この場合、はたして［どれだけの有権者が決定に到達する際に現われる要因のすべてを測定できるほどに有能であろうか。そして、もし彼らがそれを研究することによって有能になりうるとしても、そのために必要な時間はどれだけになるであろうか。こうした事柄が直接選挙民の前に現われることがないのは事実であるが、課題に含まれている技術的困難さは、そうした課題を扱うのを任務としている議員たちの混乱した麻痺状態に反映されている。混乱した状態は、硝酸塩を生産する他の安価な方法の発明によっていっそう複雑なものになる。さらに、水力発電と超出力発電の急速な発展もまた公共の関心事となっている。長期的にみれば、重要性においてこれをしのぐ問題はほとんど存在しないのである。それにもかかわらず、この問題に直接の利害関係を持つ企業体や若干の技師たちを別とすれば、どれだけの数の市民がその解決に必要な諸事実を入手したり評価したりするにたる知識、あるいは能力を所有しているであろうか。もう一つの例をあげよう。ある地域の公衆と身近な関連を持つ二つの事柄に、路面鉄道による輸送および食料生産品の市場取引がある。しかし、市政の歴史の示すところでは、たいていの場合、強烈な関心の爆発にひき続くのは無関心の時期である。結果は一般大衆へはね返っていく。しかし、都市住民の規模そのもの、異質性、潔癖さや、必要とされる資本の巨大さや、そこに含まれている工学的課題の技術的性格が、まもなく普通の有権者の注意を疲れさせてしまう。私はここまでに述べてきた三つの例がかなり典型的なものだと考えている。公衆の前に示される争点の分枝は非常に広く複雑であり、そこに含まれる技術的な事柄はいちじるしく専門化されており、しかもその細部ははなはだ多様で変化しやすいために、公衆はある程度長い期間にわたって自己自身を見きわめ、かつ持続させることができないでいるのである。それは、公衆が存在しない、すなわち社会的トランザクションの結果について共通の利害関心をいだいている多数のひとびとが存在しないということではない。あまりにも多量の公衆《マッチ・パブリック》、すなわちあまりにも広く拡がって散在し、その構成においてあまりにも複雑な公衆が存在しているのである。さらにあまりにも多数の公衆《メニー・パブリックス》が存在している。なぜならば、間接的で、重大で、永続的な結果をもたらす結合した行動は比べるものがないほど雑多であり、それら行動のおのおのは他の行動と交差していて、それぞれそれによって特に影響される人々の集団を作り出すが、それがこうした異なった公衆を一個の統合された全体へ結びつけることはほとんどないからである。

実際的な政治への関心とともに、その多数の競争相手を考慮にいれなければ、この描写は完全とはいえないであろう。もとより、政治的関心は常に強力な競争相手を持っていた。ひとびとは常に大体において彼らの直接的な仕事や娯楽に興味を持ってきた。公共の事柄から注意をそらすための「パンとサーカス」の権力は古くからある物語である。しかし今では、公共の利害を拡大し、複雑にし、多様にした産業上の諸条件が、同時に公共の利害に対する恐るべき競争者をも多様化しかつ強烈なものにした。過去において政治生活が最も首尾よく営まれていた国々には、特別に扱われていた階級、いわば政治上の事柄が彼らの特殊な仕事であった人々が存在した。アリストテレスは政治を営むのに有能な市民の集団として、余暇を持つ人々、すなわち他のすべての急務、特に生計をたてる仕事から解放されている人々から成る集団以外のものを考えることはできなかった。最近に至るまで、政治生活は彼の信念を確証してきた。政治において能動的役割を果たす人々は「ジェントルメン」、すなわち、十分な額の財産と金銭とを十分に長い間所有しており、それゆえさらに多くの財産を追求することは俗悪であり、彼らの身分にふさわしくないとみられていた人たちであった。今日では、産業を主流とする流れの力が余りにも大きくかつ強力なために、余暇を持つ人は通常怠惰な人である。人々は精を出すべき彼ら自身の仕事を持っており、また「仕事」はそれ自身の明確で特殊な意味を持っている。かくして、政治もまさしくもう一つの「仕事」になる傾向があり、それはボスやマシーンの操縦者たちの特別な関心事なのである。

政治的関心の敵対者

娯楽の数の増大、その多様化、さらにはその安価なことが、政治からのいちじるしい関心の逸脱を説明してくれる。不完全な公衆の構成員は、仕事においてと同様に娯楽においても、非常に多くのやり方を心得ているので、有効な公衆への組織化に多くの思考を費すことはできない。人間は政治的動物であると同時に消費やスポーツを享受する動物でもある。重要なことは、娯楽の手段の入手が過去に知られていた何ものにもまして容易で安価になってきたということである。現在の「繁栄」の時代は永くは続かないかもしれない。しかし、映画、ラジオ、安価な読物、自動車などは、それらが象徴するいっさいのこととともに永く続くであろう。それらが政治的関心をそらそうとする故意の意図から生じたものでないということは、そうした方向におけるそれらの有効性を減ずるものではない。人間を構成する要素のうち政治的なもの、すなわち公民たる役割に耐えなければならない部分は、片隅に押しやられているのである。たいていのサークルでは、政治をテーマにして会話を続けることは至難のわざである。そのような話が始められようものなら、たちまちあくびで退散させられる。それに反して、さまざまな型の自動車の仕組みと性能とか、女優のそれぞれのとりえとかの話題が入ってきたとしよう。会話は生き生きしたテンポで続けられるであろう。記憶されるべきことは、こうした安価で多様な娯楽の手段は機械時代の所産であり、愉快に時間を過ごすための手段を提供することを最も利益の多い事業の一つにしているビジネスの伝統によって、それが強化されているということである。

自然のエネルギーに対して前例のない支配力を備えているテクノロジィの時代がいかに作用しているか、その一面は、これまで述べてきたことの中でもふれられていたが、特にとり出してみる必要がある。地域的な共同社会に存在していたより古い公衆は、大体において相互に同質的なものであったが、また慣用的な表現を用いれば、静態的なものでもあった。もちろん、それらは変化した。しかし、戦争、天変地異、大移住などの場合を別にすれば、変化は遅々たるものであった。変化は徐々に起こったし、大部分は変化を被った人々によっても感知されなかった。より新しい諸力は、流動的で絶えず動揺している結合の形態を創り出した。家族生活の解体についての共通の不満はその証拠といってよいであろう。農村的集団から都会的集団への移行もまたこうした流動性の結果であり証拠である。何ものも、企業や工業を営む結社でさえも長く定着していることはない。運転とスピードに対する熱狂は社会生活の間断なき流動性の徴候であり、それはみずからを生み出した原因を強化するように作用する。建築については鉄鋼が木と煉瓦にとって代わり、鉄筋コンクリートが鉄鋼に修正を加え、さらにある種の発明が別の革命をもたらすかもしれない。マスル・ショールズは窒素を生産するために建設されたが、新しい方式は水力を大量に蓄積する必要があるという考え方をすでに旧式なものにしてしまっている。どんな例を選んでみても、異質なケースが大量にある中から選ぶ以上、十分ではない。われわれは問うてもよいであろう。公衆が文字通り適当な位置に止まることのない時、公衆はいかにして組織されうるのか、と。ただ深刻な争点だけが、あるいは深刻であるようにみせることのできる事柄だけが、すべての変化しつつある不安定な関係の間で共通分母を発見しうるのである。愛着《アタッチメント》は愛情《アフェクション》とはまったく異なった生活の機能である。愛情は心臓が鼓動している限り存続するであろう。しかし、愛着は生物的原因以上の何ものかを必要とする。愛情を刺戟し強化する事柄が逆に愛着を徐々に衰微させることもありうる。なぜならば、愛着は静穏な安定性の中で育まれるものであり、またそれは恒常的関係の中で培われるものだからである。流動性の加速化は愛着をその根底から混乱させる。そして、持続的な愛着がなければ、結合関係はあまりにも変化しやすく、またあまりにも動揺をうけやすいものとなるために、公衆が自己を位置づけたり、みきわめたりすることを困難にするのである。

理想と手段

われわれが生活している人間関係の新時代は、遠隔の市場めあての大量生産、海底電線と電話、安価な印刷、鉄道と汽船によって特徴づけられている時代である。コロンブスは地理的にのみ新世界を発見したにすぎない。実際の新世界は最近百年の間に生み出されたのである。蒸気と電気は人々の結合の仕方を支配する条件を変えることでは、われわれの時代以前に人間の諸関係に影響を及ぼしてきたすべての力よりも多くのことをなしとげたのである。われわれの生活にみられる弊害のすべてを蒸気と電気と機械のせいにする人々がある。人間らしくあることの責任に耐えるために悪魔を持ち出すことは、救世主を持ち出すことと同様に常に便利ではある。しかし実際には、混乱はテクノロジィ上の諸因子が作用する際にそれと関連させられる諸観念から、あるいはそうした諸観念が欠如していることから、生じているのである。精神的また道徳的確信や理想は外部的諸条件よりもゆるやかに変化する。もしも過去のわれわれの文明におけるより高潔な生活と関連していた諸理想が損われたのだとするならば、罪はおもにこうした理想の側にあるであろう。理想や基準が、それらを達成すべき手段、さらには現世に実現させるべき手段に対する考慮なしに形成されたとすれば、それらは浅薄で不安定なものにならざるをえない。機械時代によって創り出された目標、欲求、目的は伝統と結びつけられていないので、二組の対抗しあう理想が存在しており、現実の手段を意のままに用いうる側が優位に立っているのである。二組の理想は対抗関係にあり、また古い理想は文芸作品や宗教の中でその魅力と感傷的地位とを保持しているので、新しい理想は必然的に粗野で偏狭なものにならざるをえなくなっている。理想的生活についてのより古いシンボルが今なお思考をひきつけ、忠誠を要求しているからである。諸条件は変化しているが、しかし宗教や教育から財産や交易に至るまで生活のあらゆる側面は、思想や理想においてはそうした変化に匹敵する試みがまったくみられないことを示している。シンボルは感情と思考とを統御するが、新しい時代はその活動に適合したシンボルを持っていない。組織された公衆の形成のための知的手段は、今のところ表面に現われている手段以上に不適当なものである。ひとびとを行動において結束させる紐帯は無数にあり、また強靭で精巧である。しかし、それらは目で見ることも手で触れることもできない。われわれはかつてみられなかったような物理的伝達手段を持っている。しかし、こうした手段にふさわしい思考や希望は伝達されていないし、したがって共通なものにもなっていない。こうした伝達が行なわれない限り、公衆は空虚で無定形なままに止まるであろうし、断続的に自己を求めながらも、その実体よりはその影を把えて保持するだけになろう。「大社会《グレート・ソサイティ》」が「大共同社会《グレート・コミュニティ》」に転換されるまでは、「公衆」は失われたままに止まるであろう。コミュニケーションだけが大共同社会を創り出すことができる。われわれのバベルの塔は、ことばのそれではなく、それなくしては共通経験の不可能なサインとシンボルのそれなのである。

第五章　大共同社会の探究

観念としての民主主義と政治的行動様式としての民主主義

われわれはしばしば社会的観念としての民主主義と統治制度としての政治的民主主義との間の区別について言及してきた。両者はもちろん関連しあっている。観念は、それが人間関係の中で具体化されない限りは、不毛で空虚なままである。だが、議論に際しては両者は区別されなければならない。民主主義の観念は、それが具体的な国家において体現されうるものよりも広くかつ豊かな観念であり、それは最良の国家を例にとっても同様である。こうした民主主義の観念が現実化されるためには、それは人間の結合のあらゆる形態、たとえば家族、学校、産業、宗教などにも影響を及ぼさざるをえないのである。そして政治制度に限定して考えてみてさえも、統治上の諸制度は、ある観念に対して有効な作用を及ぼしうるような導管《チャンネル》を確保するための装置にすぎない。政治機構の批判は、民主主義の観念の信奉者には何の影響も及ぼさないと主張することも妥当ではないであろう。なぜならば、批判が正当なものである限りは——そして公平な信奉者なら批判の多くは遺憾ながら十分な基礎を持つことを否定しえないのだが——、それは観念がより有効に作用しうる機構を見出すように信奉者たちを奮起させるからである。しかし、忠実な信奉者の主張するところは、観念とその外的機関および構造とは同一視されるべきではないということなのである。われわれは、現存の民主主義的統治に反対する人々の共通の想定、すなわち民主主義的統治に対する告発は、政治制度の基礎にある社会的また道徳的熱望や諸観念にも及ぶものであるという想定にも反対する。民主主義の病弊に対する療法はより多くの民主主義を実現することだという古くからある主張も、もしそれが現存するものと同じ種類の機構をより多く導入することによって、あるいはそうした機構を純化し完成することによって病弊が治療されうるのだということを意味しているとすれば、適切なものではない。しかし同時に、この慣用句は、観念それ自体にたち返る必要性、観念それ自体についてのわれわれの理解を明確にし深化させる必要性、さらにその政治的な現われを批判し改造するためにその具体的意味についてわれわれの分別を働かせる必要性をも示しているのである。

さしあたって問題を政治的民主主義に限定するとすれば、われわれは、ともかくも観念が、民主主義的国家において行なわれている統治上の諸慣行、たとえば普通選挙、選挙された代表、多数決支配などをみずからの力で生み出したという仮定に対する抗議をくり返さなければならない。観念は具体的な政治運動に影響を及ぼしてきたが、しかしそれは運動の原因ではなかった。伝統への忠誠により支えられていた家族的、王朝的統治から民衆的統治への推移は、何よりもまずこれまで人々を結びつけてきた慣習に変化を生じさせたテクノロジィ上の発見や発明の結果であった。それは空論家たちの教養のせいではなかった。われわれが民主的政体において慣れ親しんでいる諸制度は無数のできごとの累積的結果を示しているのであり、それらの結果は政治的効果に関する限り、前もって考慮されていたものではなく、予測しえないものだったのである。普通選挙権、頻繁な選挙、多数決支配、議院内閣的統治などには神聖なものは何もない。こうした事柄は時の流れの赴く方向へ徐々に発展させられた装置であり、流れのそれぞれの起伏は、そこに衝撃が加えられた際にも先行する慣習や法からの逸脱を最少限に止めたことを意味していた。装置はある目的に奉仕した。しかし、その目的とは民主主義の観念を前進させることであるよりは、非常に重大なものであるために無視されえない緊急の必要を満たすことであった。こうした装置は、あらゆる欠陥にもかかわらず、それら自身の目的にはよく奉仕したのである。

事後において経験により与えられる助力を得て過去をふり返るならば、最も賢明な者でさえも当時の状況のもとで必要をよりよく満たす機構を案出するのは困難であったことが知られよう。しかし、こうした回顧的な一瞥においても、これらの装置に付随していた教義的図式がいかに不適当なものであり、一方的なものであり、また明らかに誤ったものであったかをみることはできる。それらの図式は、たとえそれらが人間性あるいは倫理についての絶対的真理であると主張されたとしても、実際にはある種の直接的な煽動を続けたり、あるいは、承認を求める努力をしているある種の特殊な実践的政治組織を正当化したりするのを助けるために採られた政治的スローガン以上のものではありえなかった。教義は個々のローカルでプラグマティックな必要には奉仕した。しかし、プラグマティックにいえば、それらが直接的な状況に適応したことが、かえってしばしばそれらをより永続的でより広範な必要を解決するのに適さないものにした。それらは社会的実験作業を方向づけるべき仮説としてではなく、究極的な真理、すなわちドグマとして表現され、把握されていたがゆえに、そうした教義の存続がなおいっそう政治的基盤における障害となり、進歩を妨げることになったのである。人々がただちに修正と置換を要求したのもふしぎではない。

それにもかかわらず、時の流れは徐々に一つの方向、すなわち民主主義的諸制度に向かって動き始めた。統治は共同社会に奉仕するために存在するものであること、およびこの目的は共同社会それ自体が統治者の選任と彼らによる政策の決定とに参与しない限り達成されえないこと、これら二つの事柄はわれわれがみることのできる限りでは、たとえ民主主義の制度が一時的なものであるとしても、民主主義の原則と制度との航跡に永久的に残された事実の結晶である。これら二つの事柄が民主主義的観念のすべてであるとはいえないが、しかし少なくともそれを政治の局面において表明したものである。こうした政治的見地への確信は、幼児や酔漢やその他自力でことをなしえない人々に配慮を及ぼす絶対的摂理への確信のような神秘的信仰ではない。それは歴史的事実によって十分に裏づけられた結論を示している。われわれは、現存の民主主義的機構にいかなる変化が起ころうとも、そうした変化は公衆の利益を統治活動のより優越的な指標ないし基準とするような、さらには公衆にその目的をよりいっそうの権威をもって形成させ表明させることを可能にするような種類のものであろうと考えるべきあらゆる理由をもっている。この意味では、民主主義の病弊に対する療法はより多くの民主主義なのである。すでに見てきたように、その場合の主要な困難は、拡散的で流動的で多様な公衆がその利害を明確にし表明しうるように自分自身を認識させうる手段を発見することにある。こうした発見は機構におけるいかなる基本的変化にも必然的に先行すべきものである。それゆえ、われわれは民主主義の政治形態について当を得た改良策を勧告することに関心を持っているのではない。その多くはすでに示唆されてきた。こうした変化についての考察が現在のところ第一義的に重要な事柄ではないと主張することは、それら改良策の相対的価値を低下させることにはならない。課題はより深いところにある。それは何よりもまず、「大社会《グレート・ソサイティ》」が「大共同社会《グレート・コミュニティ》」になりうる条件を探究するという知的課題なのである。こうした条件が実現される場合には、それは自分自身の形態を作り上げるであろう。諸条件が具体化するまでは、どのような政治機構がそれら諸条件に適合するかを考えることは徒労に近いことなのである。

大共同社会の問題

現存する未完成な公衆が民主主義的に機能しうる条件を探究する際には、われわれは民主主義の観念の持つ性質をその一般的社会的意味において明らかにすることから始めてよいであろう（私の知る限りで、この理想についての最も妥当な論議はT・V・スミスの『民主主義的生活様式』である）。それは個人の立場からは、彼の属する集団の活動を形成し方向づけるに際して、彼の能力に応じて責任ある参加を行なうこと、および彼の必要に応じて集団の維持する価値の分配にあずかることのうちにある。集団の立場からは、それは共通の利益と善との調和を保ちつつ、集団の成員の潜在能力の解放を要求する。すべての個人は同時に多数の集団の成員であるから、こうした要求は多様な集団が他の集団と柔軟にかつ十分に影響しあうように関係づけられるのでなければ、達成され難い。盗賊団の成員はその集団への帰属関係に適合した方法で彼の能力を表現し、またその成員に共通な利益によって方向づけられているかもしれない。しかし、彼は他の集団の成員たることによってのみ実現されうる彼の潜在的な能力を抑圧するという代償を払ってのみそうするのである。盗賊団は他の集団と柔軟に影響しあうことはできない。それは自己を孤立させることによってのみ行動しうる。それは隔離されたなか自己の周囲に人々を集めている利害を除いて、あらゆる利害の作用を阻止しなければならない。しかし、善良な市民は、政治的集団の成員としての彼の行為が、彼の家族生活や企業や科学上また芸術上の団体への参加を実りあるものにし、またそれによって実りあるものにされていると感じている。そこには自由なギブ・アンド・テークがある。そして、多様な集団間の作用と反作用とは相互に集団を強化しあい、彼らの価値を調和に導くから、統合された人格の充実も達成されうるものとなるのである。

民主主義的理想の意味

一個の観念としてみれば、民主主義は協働的な生活の他の諸原則に対して二者択一の関係にたつものではない。それは共同社会的生活それ自体を示す観念である。それは理想ということばのもつ唯一の知的な意味において、すなわち、完璧な完成されたものとみなされる究極的な限界にまで向かって存在するがごとき事柄の傾向と動向という意味において、理想なのである。実際の事物がこうした要件を具備することはなく、現実には混乱と妨害とが伴うから、この意味での民主主義は事実ではないし、また事実になることは決してないであろう。しかしこの意味においては、完全な形での共同社会、すなわち異質な要素のまったく含まれていない共同社会のごときものも存在していないし、またこれまでにも存在したことはなかった。共同社会の観念ないし理想は、協働的生活が限定的・攪乱的要素から解放されて、その発展の限界にまで達したと考えられる場合の協働的生活の現実的な局面を示しているのである。結合的活動の諸結果がその活動に参加したすべての個人にとって善きものと評価されるようなところではどこでも共同社会が存在するし、また善の実現が、それはすべての人に共有されている善であるがゆえにそれを実際に支えようという精力的な欲求と努力とを生み出すようなところでは、その限りにおいて共同社会が存在する。共同社会的生活の明確な意識は、そのあらゆる関係において民主主義の観念を構成するのである。

民主主義と共同社会的生活

われわれが事実としての共同社会から出発し、その構成要素を明確にしかつ強調しうるように、事実を思考において把える時にのみ、われわれは空想的でない民主主義の観念に到達することができる。伝統的に民主主義の観念と結びつけられていた着想や標語は、それらが共同社会の明らかな特性を実現させる結合関係の特徴と特色を示すものと解釈される時にのみ、真実でかつ指導的な意味を持つのである。共同社会的生活からきり離された友愛、自由、平等は絶望的な抽象物である。それらをきり離して主張することは、女々しい感傷主義におちいるか、あるいは常軌を逸した狂信的暴挙へと赴いて、帰するところ共同社会的生活の目標自体を裏切ることになる。その場合、平等は事実に反した、かつ実現不可能な機械的同一化の信条となる。それを達成しようとする努力は、ひとびとを結合している生き生きとした紐帯に分裂を起こさせる。それがある結果を生み出すとしても、その成果は平均的で粗野だという意味でのみ利益が共有されるような凡庸さであろう。またその場合、自由は社会的紐帯から独立することだと考えられ、解体と無秩序とがその結末となる。同胞愛の観念を共同社会の観念から区別することはいっそう困難であり、したがって民主主義を「個人主義」と同一視する運動においては、それは実際には無視されるか、あるいは感傷的に付加されたきまり文句となる。共同社会的経験との正しい関連においてみれば、友愛は、万人が参加し、しかもその各人の行為に方向づけを与えてくれる結合関係から生ずる福祉を自覚的に評価することの別名である。自由とは、他人との豊かで多様な結合関係においてのみ生ずる個人の潜在的能力の解放と実現とを確保することである。いいかえれば、独自の貢献をなし、結合関係によりもたらされた成果を自分自身の方法で享受する、個別化された自我となる能力のことである。平等は、共同社会の個々の成員がそれぞれ協働的行動の結果として所有する、制約されることのない配分を意味する。それは、ある人が手に取りかつ所有するために他の人から剝奪するというような非本質的要因によって測られるのではなく、利用すべき必要と資格とによってのみ測られるがゆえに公平である。家族の中の幼児は他のひとびとと平等であるが、それは幼児が他のひとびとと同一の先天的、体質的な資質を持つからではなく、他のひとびとのすぐれた力や所有物や成熟した能力が犠牲にされることなしに、幼児が必要としている養育や成長のための配慮が与えられる限りにおいてなのである。平等は、どれか一つの要素を別の要素によって置き換えられるようにする一種の数学的ないしは物理的同等性を意味するものではない。それは、身体的かつ心理的不平等にもかかわらず、各自の中にある独自なものと独特なものとについて、それが何であれ実際に尊重することを意味する。それは自然的な所有物などではなく、各自の行動が共同社会としての社会の性格によって方向づけられる時にもたらされる共同社会の成果なのである。

共同社会と協働的活動

協働的なあるいは結合的な活動は共同社会を創出する条件である。しかし、結合関係それ自体は物理的かつ有機的なものであるのに対し、共同社会的生活は倫理的なものであって、それは感情的に、知的に、意識的に支えられているものである。人間は、原子や星雲や細胞のように直接的かつ無意識的に行動において結合し、また同様に直接的かつ無自覚的に分離したり、反撥したりする。人間は、男と女とが結合し、幼児が乳房を探り、また乳房が幼児の必要を満たすためにあるように、人間自身の身体の構造によってそうするのである。人間は、原子が電荷の存在するところで結合したり分離したりするのと同様に、また羊が寒さからひとかたまりになるのと同様に、外部の環境によって、外部からの圧力によってそうするのである。協働的活動は何の説明も要しない。それはあらゆる事物の進む方向なのである。しかし、集団的行動が量的に累積されるだけでは、共同社会は構成されない。観察し思考する存在、また観念が刺戟により取り込まれて感情や関心になる存在にとっては、「われわれ《ウィー》」は「私《アイ》」と同様に必然的なものである。しかし、ちょうど「私《アイ》」と「私のもの《マイン》」とが、共同の行動における区別された役割《シェア》が意識的に主張され、あるいは要求される時にのみ、舞台に現われてくるように、「われわれ《ウィー》」と「われわれの《アウァ》」とは、結合された行動の結果が認知されて欲求と努力の対象になる時にのみ、存在する。

人間の結合関係は起源においていちじるしく有機的なものであり、作用において非常に強固なものでありうるけれども、それらが人間的な意味における社会へと発展するのは、それらの諸結果が知られ、評価され、追求される場合だけである。ある人々が主張しているように、「社会」もまた有機的組織体であるとしても、社会が社会たりうるのはその理由によるものではない。相互作用やトランザクションは事実として生じており、相互依存の諸結果が随伴する。しかし、活動への参加と結果の分担とはまた別の問題である。それらは必須要件としてコミュニケーションを要求するのである。

コミュニケーションと共同社会

結合された活動はひとびとの間に生起する。しかし、他に何も起こらない時には、鉄と水に含まれる酸素との相互作用のように、それは必然的に相互連関的な活動の他の形態へと推移する。こうして継起する事柄はすべてエネルギーの観点から、あるいは人間の相互作用の場合であれば、力の観点から説明されうる。諸活動とそれらの成果についてのサインあるいはシンボルが存在する時にのみ、たえまない変化が外部から観察され、考慮と評価のために定着され、かつその規制が可能になるのである。落雷が起こり、木や岩が裂け、その結果生じた破片が相互作用の過程を開始させかつ継続させる、などなどと続く。しかし、過程の局面がサインによって表わされる時には、新たな媒体がさしはさまれる。シンボルが相互に関連させられる場合には、事態の推移における重要な関係は記録され、意味あるものとして保存される。回想と予見とが可能になる。新しい媒体は予測と計画と、さらには予見され希求されている事に役だつように、生起している事柄に干渉してその進路を方向づける新しい種類の行動とを促進する。

帰するところ、シンボルはコミュニケーションに依存しながら、同時にそれを促進する。結合的経験の結果は考察され、伝達される。事柄それ自体はある人から他の人へと伝達されえないけれども、意味はサインによって共有されうる。そして、欲望と刺戟とは共通の意味に結びつけられる。それによって、それらは欲求と目的とに変えられるが、欲求や目的は、共通のあるいは相互に了解された意味を包含しているので、結合的活動を利害関心と努力から成る共同社会へと変換させる新しい紐帯を与えてくれる。こうして、比喩的にいえば一般意思とか社会意識とかと呼んでよいものが生み出されるのであり、それは個人の側からみればシンボルによって伝達可能であり、かつ関係あるすべてのものにより共有されている活動のための欲求や選択である。このようにして、共同社会はエネルギーの秩序を意味の秩序へと変えるのであり、そこでは意味は各人によって正しく判断され、また結合された行動に従事する人々の側では、各人によって他のすべての人へ相互に関連づけられる。「力」は廃棄されてはいないが、しかしシンボルにより可能になった思想と感情とによって方向づけられ、使用されるように変形されているのである。

協働的行動の物理的有機的側面を、共有された意味における相互的関心によって浸透され、規制された行動から成る共同社会へと変換させる作業、あるいは諸結果をシンボルによって思想と欲求の対象へと移し変える作業は一挙に行なわれることはないし、また完全に行なわれることもない。いかなる時点においても、それは確立された成果を示すものであるよりは、むしろ一個の課題を示すものである。われわれは他人と関連づけられた有機的存在として生まれるが、共同社会の成員として生まれるのではない。若者は教育によって、すなわち不断の指導と明白な結合関係を示す現象に関する学習とによって、共同社会を特徴づける伝統、見地、利害関心の中へ導かれなければならない。特殊に人間的な事柄はすべて学習されたものであり、たとえそれが人間を他の動物から区別している生来の器官がなければ学習されえないものだとしても、生得のものではないのである。人間的方法で、人間的効果をめざして学習することは、原初の能力の洗練により付加される技能を獲得することと同じではないのである。

人間的であることを学習することは、コミュニケーションのギブ・アンド・テークを通して個々人が共同社会の独自な成員であるという有効な感覚を発展させることであり、共同社会の信条、欲求、方法を理解しかつ評価し、生来の有機的能力を人間的手段と価値とに変換することにいっそう貢献する人になることである。しかし、こうした移し変えは決して完了することはない。年老いたアダム、すなわち人間性における罪深い要素は生き残っている。コミュニケーションと啓蒙の方式による代わりに、力によって成果を獲得しようとする方法が行なわれているところでは、どこでもそれが姿を現わす。共同社会的生活の所産である知識と技能的手段とが、共有された利害関心との関係によって修正されないままの欲望や刺戟に奉仕するために用いられている時には、年老いたアダムはより巧妙に、より広範に、より効果的に現われる。商業的交換が相互依存をもたらし、その結果調和が自動的に生ずると主張する「自然的」経済の教義に対しては、すでにルソーが妥当な解答を与えていた。彼は、相互依存はまさにより強いもの及びより能力のあるものが、彼ら自身の目的のために他人を搾取したり、他人を生きた道具として利用しうるような隷従的状態を維持したりすることを可能にする状況、またこうした事柄を努力する価値たらしめる状況をもたらすと指摘していた。彼の示唆した療法、すなわち孤立にもとづく独立の状態への復帰が重要な意味を持つとはいい難い。しかし、それが絶望的なものであることは課題の重要性の証拠でもある。その否定的性格はいかなる解決の希望をも放棄することに等しい。ただ対照的にみるならば、それは唯一の可能な解決の性質を示すものでもある。すなわちそれは、相互依存的活動の結果に含まれる真に共有された利害関心が欲求と努力とを導き、さらにそれによって行動を方向づけることができるように、意味のコミュニケーションに関する手段と方法とを完成することなのである。

大共同社会の知的条件

これが、課題は倫理的なものであり、知性と教育とに依存しているという主張の意味である。われわれは前に述べたところで大共同社会を創出するに際してのテクノロジィおよび産業の役割を十分に強調しておいた。そこで述べたことは、歴史と制度の経済的解釈という決定論的説明を受け容れることを意味していたとさえ思われたかもしれない。経済的諸事実を無視したり否定したりすることは愚かでむだなことである。われわれがそれらに注目することを拒絶したからといって、あるいはそれらを感傷的理想化で覆い隠したからといって、それらは作用することを止めはしない。またわれわれがみてきたように、経済的諸事実はその結果として、行動の明白な外的諸条件を生み出しているが、この諸条件にはよく知られているものもあれば、それほど知られていないものもある。産業的諸力の影響として現実に何が生じるかは、影響についての認知とコミュニケーションとの存在ないし不在によって左右され、また予見と、その予見が欲求と努力にもたらす効果とによって左右されている。経済的影響力がたんに自然的な水準で作用するがままに放置されている場合、あるいはその自然的な水準が、共同社会によって蓄積された知識、技能、技術をその成員に不平等にかつ偶然的に移譲するという程度にしか修正されていない場合にも、経済的影響力はある結果を生み出す。結果についての知識が公正に配分され、共有された利害関心についての豊かで生き生きとした感覚によって行動が鼓舞されている場合には、その程度に応じて経済的影響力は異なった成果をもたらす。普通に主張されている経済的解釈の教義は、意味がもたらしうる変化を無視しているし、またコミュニケーションが産業とその終局的な諸結果との中間に挿入した新しい媒体を無視している。それは、「自然的経済」の効力を失わせた幻想にとりつかれているのであり、現実的なものであれ可能的なものであれ、行動の諸結果を認知し公表することによって行動に生ずるはずの差異に注目しそこなったのは、この幻想のためであった。それは結果によってではなく、先行した事柄によって、成果によってではなく、起源によって考えているのである。

こうした一見脱線ともみえる迂路を経て、われわれは前に述べた議論の中心であった問題に到達した。すなわち、「大社会《グレート・ソサイティ》」が「大共同社会《グレート・コミュニティ》」の位置により厳密にまたより実質的に接近し、それによって真に民主的な社会と国家とを形成することのできる諸条件とは何か。失われた状態から回復してくる「公衆」を、われわれが合理的に想像しうる諸条件とは何か。

以下の研究は、知的なあるいは仮説的なものとなるであろう。必要とされる諸条件がいかにして存在することになるかを述べたり、それらが生ずるであろうと予言したりする企てはここではなされないであろう。分析の目的は、確認された事項が実現されなければ、「共同社会」は民主的に実効性を持つ「公衆」としては組織されえないということを示すことになるであろう。ここで明らかにされるであろう諸条件は十分な条件だと主張されるのではなく、ただそれらは少なくとも不可欠なものだと主張されるのである。言葉を換えて言えば、われわれは事態の推移によって無効になった以前の教義と対照しつつ、樹立すべき民主主義的国家に関する仮説を作り上げるために努力するであろう。

慣習と知性

そうしたより古い理論における二つの基本的な構成要因は、のちにふれるように、個々人はおのずから必要とされる知性を備えていて、自己利益を計算しながら政治的な事柄に従事するという観念と、普通選挙権、公職者の頻繁な選挙および多数決支配は、選ばれた支配者の公衆の欲求および利益に対する責任を保証するのに十分であるという観念とである。のちにみるように、第二の観念は論理的に第一の観念に結びつけられており、それと浮沈をともにしている。この図式の基底には、リップマンがいみじくも「全能な」個人の観念と呼んだものが横たわっている。すなわち、その全能な個人は政策を形成し、その諸結果を判断する能力を持ち、政治的行動を要求するあらゆる状況において何が彼自身の善であるかを知る能力を持ち、さらに彼の善の観念およびそれを逆行する諸力に抗して実現する意思を押し通す能力を持つのである。その後の歴史はこの仮定が幻想を含んでいたことを証明してきた。誤った心理学の惑わしやすい影響力がなかったなら、幻想はあらかじめ発見されていたであろう。しかし、現代の哲学も、思想や知識は対象との孤立した接触によって個人の中に生じた精神あるいは意識の機能だと主張している。だが実際には、知識は結合関係とコミュニケーションとの機能であり、それは伝統に依存し、社会的に伝達され発展させられ容認された手段と方法とに依存しているのである。有効な観察と反省と欲求の能力は、文化と社会の諸制度との影響のもとに獲得された習慣であって、既成の生得的な能力ではない。人間が合理的思考によってよりはむしろ十分に知性化されていない情緒や習慣によって行動するという事実は、今日ではきわめてよく知られているので、経済および政治の哲学の基礎として異なった観念がまじめにとりあげられていたのを理解することは容易ではない。こうした観念が含んでいる真理の度合いは、打算と計算とによって自分たちの企業を規制していた鋭敏な実業家から成る比較的に小さな集団の観察に、また自分たちの住む地方のひとびとと出来事とによく精通していたがゆえに、提案された方策と自分自身の関心との関連について正当な判断を下しえた、小さくて安定した地域共同社会の市民たちから成る比較的に小さな集団の観察に、由来していたのである。

習慣は人間の行動の主要な動機であるが、それは大部分集団の慣習の影響のもとに形成される。人間の有機的構造は習慣の形成を必然的に伴う。なぜならば、われわれがそれを望むと否とにかかわらず、またそれに気づいていると否とにかかわらず、あらゆる行動は未来の行動様式を方向づける態度と傾向との修正をもたらすからである。習慣の形成が慣習と制度とから成る集団の習慣に依存しているということは、幼児の無力さの自然な帰結である。習慣の社会的影響については、かつてジェイムズの述べたことがすべてをつくしている。「習慣は社会の巨大なはずみ車であり、その最も貴重な保守的影響力である。それだけがわれわれをしきたりの範囲内にとどめ、富者の子弟を貧民の暴動から救ってくれる。それだけが最も困難で最も嫌悪される職業が、それに従事すべく育てられた人々によって見棄てられるのを防いでくれる。それは漁夫や水夫を冬の間でも海にひきとめ、鉱夫を暗闇の中に留め、農民を雪の降り積る季節にも彼の丸木小屋とさびしい農場とに釘づけにしてくれる。それはわれわれを砂漠や氷雪の地帯に住む原住民の侵入から保護してくれる。それはわれわれのすべてにわれわれの育ち方や初期の選択にそって生存の闘争を戦い抜くように命じ、また自分に向いてない仕事にも最善をつくすように命ずる。他にわれわれに向いた仕事など存在していないし、再び新しい仕事を始めるには遅すぎるからである。習慣が異なった社会層を混在しないようにしているのである」。

すべての特殊に人間的な行動は、学習されなければならず、学習にとっての心臓と血液と筋肉とは習慣の創出にあるのだから、習慣の影響は決定的なものである。習慣はわれわれを規則的でかつ確立された行動様式に束縛する。なぜならば、習慣は、われわれが慣れ親しむようになった事柄に対する気やすさ、熟練、関心を生み出すからであり、異なった道を進むことに対する恐怖を誘発するからであり、さらには異なったやり方を試みることについてわれわれを無能力にしているからである。習慣は思考を用いることを排除しないが、思考が働く際の道筋を決定する。思考は慣習のすきまに隠れて見えなくなる。水夫、鉱夫、漁夫、農夫なども考えるが、しかし彼らの思考は慣れ親しんだ職業や縁故関係の枠組みの中に含まれているのである。われわれは慣習の限界を超えて空想にふけることがあるが、しかし空想が限界を突き破る行為の源泉になることはめったにない。それが非常に稀なことであるからこそ、われわれはそれを行なった人々を超人的な天才とか一見に値する非凡人とか呼ぶのである。思考それ自体もある傾向にそった習慣的なものとなり、また専門的な職業となる。科学者、哲学者、文筆家は、習慣の紐帯を破ってしまった結果、純粋理性や世の習いに汚されていない情緒が彼らを通じて言葉になるといったたぐいの男女ではない。彼らは専門化された、その意味でやや特殊な習慣を持つひとびとなのである。それゆえ、ひとびとは自分自身の善に関する知的なまた計算された関心によって動かされるという観念は純粋な神話である。自己愛の原則が行動を駆りたてているとしてさえも、ひとびとが自身の愛着を明示しているのに気づく対象、ひとびとが自分の固有な利害関心を構成しているものとしてとりあげる対象が、社会の慣習を反映した習慣によって設定されているということはなお真であろう。

こうした事実は、新しい工業化運動の社会理論家たちがその結果にひき続いて起こるはずの事柄に関する予測をなぜほとんど持っていなかったかを説明してくれる。こうした事実は、事態が変化すればするほど社会理論家が以前と同じ理論に固執したのはなぜかを説明してくれる。いいかえれば、それらの事実は民主主義的政治機構から生ずることが期待されていた徹底的な革命の代わりに、主としてある階級から別の階級への既存の権力の移動が起こったにすぎなかったという事実を説明してくれるのである。ある少数のひとびとは、彼らが自分自身の利益と善との良き判定者であったか否かは別としても、金銭的利益をめぐる企業の経営については有能な判定者であったし、いかにすれば彼らの目的に奉仕するような新しい統治機構を作りうるかということについても同様であった。政治的諸制度の利用に際して、期待と欲求と要求の限界として含みこまれている、深く根づいた習慣や、古い制度や、慣習化された社会的身分などの影響を回避するのは、新しい種族の人間を想定することであろう。そして、こうした種族は、それが肉体から離脱した天使の体質でも持っているのでない限りは、たんにかつて人類が類人猿の状態を脱出したばかりの地点で引き受けたのと同じ課題をとりあげることになるであろう。急激で強烈な革命にもかかわらず、歴史の本質的連続性は二重に保証されている。人間の欲求と信念が習慣と慣習の機能であるだけではなく、行動の手段と道具とを与えてくれる客観的諸条件もまた、そこに含まれる限界や障害や陥穽とともに、その威力と権力とを何としてでも永続させようとする過去の沈澱物なのである。新しい秩序の創出を可能にするためにタブラ・ラーサ(白紙の状態)を創造することは不可能であり、したがって楽天的な革命家の希望も恐れおののく保守派の臆病さもともに無視できるのである。

それにもかかわらず、変化は発生するし、しかもそれは累積的な性質を持つ。認識された結果に照らして変化を観察することが、反省、発見、発明、実験をよび起す。ある種の蓄積された知識、技術、手段が得られる場合には、変化の過程はいちじるしく加速され、今日みられるように、変化は外面上、支配的な特徴となって現われる。しかし、それに対応して起こる思想と欲求とにおける変化には明らかなずれがある。意見についての習慣はあらゆる習慣の中で最も頑固なものである。それが第二の天性になっている場合には、想像の上でそれを戸外に放り出しても、第一の天性と同様に再びひそかにしかも確実にしのびこんでくる。そして、それが修正される場合にも、変化はまず否定的に現われ、古い信念の解体に際して、それが流動的で、一時的で、偶然に得られた意見に置き換えられるという形をとる。もちろん、人類により所有されている知識の量にはいちじるしい増大がみられてきたけれども、それはおそらく流布してきた誤謬や半面だけの真理しか含まない知識の量的増大には匹敵しないであろう。とくに社会的人間的事柄においては、判断を識別するための批判的感覚や方法の発展は、不注意な報道や積極的に虚偽を伝えようとする動機の増大と歩調をともにしてはいないのである。

科学と知識

しかし、より重要なことは、知識の非常に多くの部分は言葉の通常の意味における知識ではなくて「科学」だということである。引用符は軽蔑の意味で用いたわけではなく、科学的素材の技術的性格を示唆するために用いているのである。素人は通用しているある種の結論を科学だと考える。しかし科学の研究者は、結論に到達させてくれた方法との関連でのみ、結論は科学の構成要素なのだということを知っている。結論が真である場合でさえも、それはその正しさによって科学なのではなく、それに到達する際に用いられた装置のゆえに科学なのである。この装置は高度に専門化されているので、それを使用し理解する能力を獲得するためには、人間が所有している他の道具に習熟する場合よりもいっそう多くの努力が必要である。言葉を変えていえば、科学は高度に専門化された言語であり、どの自然言語よりも学習することの困難なものである。科学はある種の人工的言語であるが、それは科学がまがいものだという意味においてではなくて、科学が複雑な技術の製作物であり、ある特殊な目的に奉仕するものであり、さらに母国語を学習する方式では獲得されることも理解されることもできないものだという意味においてである。素人が科学の装置を自分自身では使用しない場合でも、彼らが科学の素材を理解しながら読んだり聞いたりできるような教育方法がやがて工夫されるであろうということも考えられないことではない。その時には、科学は多くのひとびとにとって言語学者が表現語彙と呼ぶものにはならないとしても、理解語彙と呼ぶものにはなるであろう。しかし、それは未来のことである。

科学に従事するひとびとを別とすれば、たいていのひとびとにとって、科学は秘伝を授けられたひとびとの手中にある神秘であり、彼らは卑俗な大衆の排除されているもったいぶった儀式によって達人になったひとびとである。彼らは複雑な装置に型式を与えて理解しやすくしてくれる方法、すなわち分析的実験的観察、数学的表式と推論、一定の精巧な試験と検査などの方法を好意的に評価するところまで到達した幸運なひとびとである。たいていのひとびとにとって装置の実在性が感じられるのは、それが実際の事柄や、機械的仕掛けや、あるがままの生活に影響を及ぼす技術の中に具体的に表現されている場合だけなのである。彼らにとっては、電気は電話やベルや電灯によって、彼らが運転する自動車の発電機や磁石発電機によって、彼らが乗る電車によって知られるのである。彼らの知っている生理学や生物学は、病原菌を予防する際に彼らが健康のことを相談する医者から学んだものである。彼らにとって最も身近であると考えられてもよいもの、すなわち、人間性についての科学は、それが広告や販売技術や人事の選考ないし管理に応用されるまでは、また「神経異常」、すなわち、ひとびとを他人とまた自分自身と適合させにくくする病的状態や狂気のありふれた形態との関連を通じて、それが生活や民衆の意識にもれ拡がるまでは、彼らにとって深遠な神秘であった。今日でさえも、通俗的な心理学は流行語と愚痴と迷信の塊りであり、まじない師が最も栄えている時代にふさわしいものである。

一方では、科学における複雑な装置のテクノロジィ上の応用は共同生活の進行を支えている諸条件に大変革を起こしてきた。これは一個の命題として述べられ、承認された事実として知られているかもしれない。しかし、それはひとびとがそれを理解しているという意味で知られてはいない。ひとびとは、自分たちが操作するある種の機械を知っているようには、あるいは電灯や蒸気機関車を知っているようには、それを知ってはいない。彼らは変化がいかにして生じたか、あるいはそれが彼らの行為にいかに影響するかを理解してはいない。その「いかに」を理解しなければ、彼らは変化の現われを利用することも、抑制することもできない。彼らは諸結果を経験し、諸結果によって影響を受ける。彼らのあるものは幸せにも――普通に幸運と呼ばれている事柄であるが――彼ら自身の個人的利益のために変化の過程のある局面を利己的に利用することはできるとしても、彼らは諸結果を支配することはできない。しかし、最も鋭敏で最も成功した人でさえも、何らかの分析的で体系的な方法においては――彼が経験に刺戟されて、より小さな出来事から獲得した知識と比較するに値する方法においては――、彼が活動している組織の体系を知らないのである。技能と才能とは、われわれが作ったのではなく、したがって理解もしていない枠組みの内部で活動しているのである。ある人は、市場に影響を及ぼす諸力についてあらかじめ情報を与えられる戦略的位置を占めており、彼らは、訓練とそうした方法に対する生来の適性とによって、広大な非人格的潮流を、彼ら自身の車輪を回転させるために用いることを可能にする特殊な技術を獲得してきた。彼らは流れをこちらではせき止め、あちらでは放出することができる。しかし、流れ自体は、かつてある独創的な職人が彼が育てたのではない木から板を作り出すために、彼に伝えられた知識を用いて川の近くに製材所を建てた時の川と同じで、彼らの手のとどかないところにある。ある限界内にせよ、業務に成功したひとびとが知識と技能とを持っているということは疑うべくもない。しかし、こうした知識は機械を操縦している有能で熟練した技手の知識よりも、相対的にわずかに前進しているにすぎない。それは彼の目前にある状況を利用するには十分である。技能は事柄の流れの向きを彼自身の近辺ではこの方向に、あるいはあの方向にと変えさせる力を持つ。だが、それは彼に流れを抑制する力を与えることはないのである。

社会的探究に対する障害

なぜ公衆とその公務員とはより賢明でしかもより実際的であるべきなのか。公務員が政治家と呼ばれても、問題は同じである。民主的に組織された公衆の根本的条件は、まだ存在してはいない一種の知識と見識とにある。それが欠如している時に、もし公衆が存在するとすれば、それはどのようなものであろうかということを述べようとするのは不合理のきわみである。しかし、もし公衆が存在すべきものとするならば、実現されなければならぬ条件のいくつかを述べることはできる。われわれは専門化された装置としての科学には無知であるとしても、科学の精神と方法とから多くのそうした条件を借りることはできる。

明らかな必要条件は、社会的探究の自由およびその結論を分配する自由である。人間は思考を表現し普及することがない場合でさえも、思考において自由でありうるという見解が精力的に宣伝されてきた。それはその起源を、精神は行動と対象とから切り離されていても、それ自体で完全なのだという観念の中に持っている。こうした意識は、実際には正常な機能を剥奪された精神の悲惨な状態を示すものにほかならない。なぜならば、精神は実在との関連においてのみ真に精神であるのに、こうした精神は実在によって挫折させられ、孤立的で無力な幻想へと逆行させられているからである。

公衆に関連のあるあらゆる諸結果に関して十分な公開性が存在しないところには、公衆は存在しえない。公開性を阻害し制限するものは何であれ、世論を限定したり歪曲したりするものであり、また社会的な事柄についての思考を抑制したり歪曲したりするものである。表現の自由がなければ、社会的探究の方法さえ発展させることはできない。なぜならば、道具は操作においてのみ、すなわち現実の素材の観察と報告と組織化に適用される場合においてのみ、発展させ完成させることができるからである。そしてまた、こうした適用は自由で体系的なコミュニケーションを通じてでなければ起こりえないからである。自然に関する知識の初期の歴史、あるいは自然現象に関するギリシャ的概念の歴史は、観念が、叙述したり説明したりしようとしている事実から切り離されて、ひたすら精緻なものとされる時には、最良の精神を付与された者の概念でさえもいかに不適当なものとなるかを説明している。人文科学の支配的な思想と方法とは、今日も多くの点で同一の状態にある。それらもまた過去になされた粗雑な観察を基礎として発展させられており、新たに観察された素材を規定するために不断に使用されることはめったにないのである。

かつて行なわれていた法的制限が廃止されたというだけの理由で、今日では思考とそのコミュニケーションとは自由であると信じこむのは不合理なものである。このような信仰の流行が社会的知識の幼稚な状態を永続させているのである。なぜならばこうした流行は、われわれに必要なものの中枢にあるのは、めざされている探究の道具として使用される概念を、すなわち実際の使用において検証され、訂正され、発展させられる概念を所有することであるという認識を曇らせるからである。人間や精神が、ただ放置されていたというだけで解放されたことはまだ一度もない。形式的な制限を取り去ることは消極的な条件にすぎない。積極的な自由は状態ではなく、状況を支配するための方法と手段とを備えた行為なのである。経験の示すところでは、検閲によるような外部的抑圧があるという感覚は一個の挑戦として働き、知的エネルギーを刺戟し、勇気を喚起することさえある。だがしかし、知的自由が存在していないところで、それがあると信ずることは、ただ事実上の奴隷状態における自己満足と、思想の代用品としての感傷、皮相性、センセーションへの依存を促進するだけであるが、こうした事柄こそ社会的知識に関するわれわれの今日の状態のいちじるしい特徴をなしているのである。一方で、正常な進路を剝奪された思考は、その方法において、スコラ主義と呼ばれているものに比肩しうるアカデミックな専門主義に逃避している。他方で、きわめて大量に存在している有形の宣伝機関は、現在の意味での公開性の大きな部分を成している。すなわち、広告、宣伝、私生活の侵害、一時のできごとの「特種化《とくだね》」がそれであり、とくにこうした特種化は、連続性の中で運動する論理をすべて無視し、われわれには断片化されたニュースの押しつけと、「センセーション」の本性であるショックとを残していくようなやり方で行なわれるのである。

事実や思想の自由なコミュニケーションと普及とを限定し、かつこうした限定によって、社会的思考ないし探究を妨害したり悪用したりする諸条件が、公然と妨害的に働く諸力だけだと考えることは誤りであろう。社会関係を彼ら自身の利益のために操作する能力を持つひとびとが無視されるべきでないことは当然である。彼らは、たとえ遠くからでも、自分たちの支配を侵す恐れのある知的風潮ならどんなものでもかぎつける不思議な本能を持っている。彼らは、自由な探究や表現を妨げる方策を用いることにより、大衆の惰性、偏見、感情的党派心などを彼らの側に有利なように動員することにおいては非凡な才能を発展させてきた。われわれは、広告宣伝業と呼ばれる、雇われた世論の後援者による統治という状態へ近づきつつあるように思われる。しかし、もっと重要な敵が、隠された塹壕線の中に深く身を潜めているのである。

大多数のひとびとにおける情緒的習慣と知的習慣とが、感情と見解とを搾取する者たちのみに有利な条件を創り出している。ひとびとは、物質的なまた技術的な事柄においては実験的方法に慣れてきている。だがなお、彼らは人間的問題においては実験的方法を恐れている。あらゆる深刻な恐怖と同様に、その恐れはあらゆる種類の合理化によって覆い隠されかつ偽装されているので、いっそう効力がある。その最も普通の形態の一つは、既存の諸制度、たとえばわれわれ自身の政体でいえば、憲法、最高裁判所、私有財産、自由契約などをまさしく宗教的に理想化したり、またそれらへの崇拝の念を喚起したりすることである。こうした事柄が議論に現われてくる時には、「神聖な」とか「尊厳」とかということばがたやすくわれわれの唇にのぼってくる。それらは諸制度を保護する宗教的光背の存在を立証しているのである。もし「神聖な」ということばが、儀式による予防を除いては、そして特に清められた公職者による以外には、近づいたり触れたりされるべきではないということを意味するとすれば、こうした事柄は今日の政治生活における神聖なものである。超自然的事柄は漸次片隅に押しやられ、うち捨てられてきているのに、宗教的タブーはその存在を保ちつつ世俗的制度、とくに国民国家と結びついた諸制度の周辺にますます集中してきている（ナショナリズムの宗教的性格はチャールトン・ヘイズにより、彼の『ナショナリズムの考察』のとくに第四章の中で、説得力をもって述べられている）。精神病理学者は、精神的不安の最も一般的な原因の一つは、患者も気づいていない下層部の恐怖にあり、こうした恐怖は、現実からの逃避とものごとを徹底的に考え抜くことの嫌悪とへ至ることを発見している。社会的制度や状況の有効な探究に対抗して、強力に作用している社会病理が存在するのである。それは多様な形で現われている。たとえばそれは、ぐちっぽいことの中に、無気力に定見なく生活していることの中に、そわそわと娯楽に飛びついていくことの中に、長期にわたって確立されたものを理想化することの中に、仮面としてとられた安易な楽天主義の中に、「あるがままの」事物を騒々しく讃美することの中に、あらゆる反対者たちの脅迫の中に――それらは微妙なしかも無意識的な曲解を伴いながら作用するがゆえに、かえってそれだけ有効に思考を抑圧し消散させる方法である――現われているのである。

社会的探究の孤立化

社会的知識の後進性は、それが独立的で孤立的な研究部門に分かたれていることに現われている。人類学、歴史学、社会学、倫理学、経済学、政治学は、組織化された有効な相互作用を不断に行なうことなしに、それぞれ独自の道を進んでいる。外見だけをとれば、自然科学の知識にも同様の区分があるように思われる。しかし、天文学、物理学、化学、さらに生物科学の間には間断のない交流がある。発見や方法の改善は記録され、組織されて、不断の交換と相互伝達とが生じている。人文科学の諸学科が相互に孤立しているのは、それらが自然科学の知識から隔離されていることと関連している。その精神は、今なお人間が生活している世界と、その世界の中でかつそれによって営まれる人間の生活とを明瞭に区分しており、そこに生ずる裂け目は人間自身を肉体と精神とに分離させることの中に反映しているし、またその結果今日でも肉体と精神とは別々に知りうるし、扱われうるものだと仮定されているのである。過去三世紀の間、天体のように人間から最も遠く隔たっているものを手始めとして、主として自然科学の探究に精力が向けられるべきだと期待されてきた。自然科学の歴史は、それが発展してきた際のある種の順序を明らかにしてくれる。新しい天文学が構成される以前に、数学的道具が採用されなければならなかった。太陽系との関連で案出された諸観念が地球上のできごとを記述するために用いられるようになった時、物理学は前進した。化学は物理学の進歩のあとを追いかけた。生命のある事物に関する科学は、その進歩のためには、物理学と化学の素材と方法とを必要とした。人間の心を扱う心理学は、生物学と生理学の結論が利用されうるまでは、主として思弁的見解であるにすぎなかった。こうしたことはすべて自然であり、一見必然でもある。諸研究が人間自身に十分に収斂されうる以前に、人間的関心からは最も遠隔的で間接的な関係を持った事柄が、ある程度まで修得されなければならなかったのである。

それにもかかわらず、発展の経路は今日のわれわれを苦境に立たせている。われわれが科学の主題は技術的に専門化されている、すなわちそれは高度に「抽象的」であるという場合、われわれが実際に意味していることは、それが人間生活との関連を示す用語で表現されていないということなのである。すべての純粋に自然科学的な知識は専門技術的なものであり、少数者にのみ伝達可能な専門技術的語彙で表現されている。人間の行為に影響を及ぼし、われわれが行なったり経験したりする事柄を変化させるような自然科学的知識でさえも、人間の行為との関連において理解され使用されない限り、その程度に応じて技術的かつ疎遠である。日光、雨、空気、大地などは常に目に見える形で人間の経験の中に入りこんでくる。しかし、原子、分子、細胞、さらに諸科学が対象とする他の多くの事柄はわれわれに影響を及ぼすけれども、目に見える形においてではない。それらは認知されざる形で生活の中に入りこみ、かつ経験を変化させるのであるから、またそれらの影響は認識されないのであるから、それらについて語る能力は専門技術的なものとなり、コミュニケーションは特殊なシンボルを媒介とすることになるのである。それゆえ、基本的で永続的な目標の一つは、物理的条件をなす素材についての知識を、一般に理解される用語に翻訳し、あるいは人間に及ぼされる諸結果を益と害とによって表示するサインに翻訳することだと考えられるであろう。なぜならば、人間の生活に入りこんでくるあらゆる影響は物理的条件に依存しており、物理的条件が考慮にいれられる時にのみ、それらの影響は理解され、支配されうるからである。それゆえ、次のように考えられよう。すなわち、環境に含まれる事物を人間自身の活動と苦労とによっても、人間にとって未知で伝達不能なものにしてしまうような事態は、すべて大きな不幸として嘆き悲しまれるであろうし、またこうした事態は耐え難いものと感じられるであろうが、ただそれがいかなる時点でも不可避なものである限りにおいてのみ、耐え忍ばれるべきものと感じられるであろうと。

純粋科学と応用科学

しかし、事実は逆である。物質とか物質的とかいう言葉は、多くのひとびとの精神にあっては非難の気持を伝える言葉である。それらは理想を表現し維持する存在としてではなく、いかなるものであれ、人生における理想的価値とされるものの敵であると考えられている。こうした分裂の結果、それらは実際にも敵になってしまっているのである。なぜならば、どんなものであれ人間的価値から徹底的に隔離されているものは、実際に思考を衰えさせ、価値を貧弱にかつ不安定にするからである。現代の生活における物質主義と商業主義の支配とを自然科学に対する不当な献身の結果とみなし、人間的活動の媒体である物理的条件の理解がまだ見られなかった頃に生じた伝統によって、人工的に作り出された人間と自然との間の亀裂が麻痺的な要因であることを見ないひとびとさえいる。最も影響力の強い分裂の形態は純粋科学と応用科学との間の分離である。「応用」とは人間的経験との関連が認識されることを意味しているから、「純粋な」ものを尊重し、「応用された」ものを軽蔑することが、その結果として科学を、疎遠な、専門技術的な、専門家にのみ伝達可能なものとし、さらに人間的事柄を処理するに際しても、偶然的で、偏った、不公正な価値の配分を伴うものとしているのである。社会の規制に際して知識に代わるものとして適用され使用されているのは、無知、偏見、階級利益、偶発事なのである。科学は応用においてのみ、その尊重されるべき強調された意味において知識に変えられる。そうでなければ、科学は不完全で、盲目的で、歪曲されたものとなろう。そうした状態で科学が実際に応用される時には、それは「応用」とか「効用」とかいうことばに非常に頻繁に結びつけられる不都合な意味、すなわち少数者の利益に帰する金銭的目標のための使用という意味を明らかにするような形で応用されるのである。

　現在では、自然科学の応用は人間的関心事の中でというよりはむしろ人間的関心事に対してなされている。すなわち、それは外部的なものであり、有産の貪欲な階級のためにその諸結果が利用されているのである。生活の中で応用されるとは、科学が消化され、配分されることであろう。あるいは、科学が共通理解の手段となり、さらに、真正で有効な公衆の存在の前提条件である完全なコミュニケーションの手段となることであろう。産業と交易を規制するための科学の使用は着々と進められてきた。一七世紀の科学革命は一八世紀および一九世紀の産業革命の先駆であった。その結果、人間は物理的エネルギーの支配力をいちじるしく拡大しながら、それに応じて自分自身と自分自身の問題を支配する能力を発展させなかったことの影響を蒙ってきた。知識はそれ自体分裂しており、その不完全性に加えて人工的亀裂を伴っている科学は、工場において生命のない機械の番をする生きた機械にすぎない男女や子どもたちの奴隷的状態を生み出す役割を果たしているのである。それはまた、不潔なスラム、混乱と不満に満ちた人生行路、赤貧とぜいたくな富、平時における自然と人間からの野蛮な搾取、および戦時における高度の爆発物と有害性を持つガスを支えているのである。自分自身を理解することでは子どもにすぎない人間が、その手中に計り知れない力を有する自然科学の道具を持っている。彼は子どものようにこうした道具とたわむれるが、それらの道具が善をなすか悪をなすかは、大体において偶然事である。手段が主人となり、あたかもそれ自身の意思を持つかのごとく——それが意思を持つからではなく、人間が意思を持たないから——致命的な働きをするのである。

こうした状況のもとで「純粋」科学を讃美することは、逃避の合理化となる。それは逃避の保護所の建設、責任の回避を意味する。知識の真の純粋性は、それが使用と奉仕とに関連させられて汚されていない時に存在するというのではない。それは完全に倫理的事柄であり、研究とコミュニケーションにおける誠実性、不偏性、さらには目的の十分な寛容性の問題である。知識の粗悪化はそれが使用されることに起因するのではなく、既存の偏好と偏見、見解の一面性、虚栄心、所有と権威とに伴う自負心、その使用に際しての人間的関心への軽蔑ないし無視に起因するのである。人間性は、かつて考えられたように、万物がそれをめざして形成されるような目的なのではなく、宇宙の広大な拡がりの中では、とるにたらない些細な事柄にすぎないし、おそらくは偶発的な事柄なのであろう。しかし、人間にとっては、人間は関心の中核であり、重要性の尺度である。人間を犠牲にして物理的領域を拡大することは、放棄と逃避でしかない。自然科学を人間的関心の敵対者にすることはきわめて悪いことである。なぜならば、それは不十分にしか与えられることのできないエネルギーをわきにそらせることになるからである。しかし、弊害はこれだけではない。決定的な害悪は、自然に関する知識がその人間的機能からきり離される時には、人間が自分自身の問題を理解する力とそれを方向づける能力とが根本的におとろえることなのである。

コミュニケーションと世論

知識は理解であると同時にコミュニケーションであるということは、随処で述べられてきた。私は、学歴という点からみれば無教育なある男が、ある問題について話していた際に言ったことをよく覚えている。「いつかはそれらは発見されるであろうし、発見されるだけでなく、知られもするであろう」と。学校教育はある事柄が発見される時には、それは知られるものだと想定するかもしれない。私の古い友人は、ある事柄が十分に知られるのは、それが公開され、共有され、誰でも近づきうるものとなった時だけだということを知っていた。記録とコミュニケーションとは知識にとって不可欠なものである。私的な意識の中に閉じこめられた知識は一個の神話であり、社会現象としての知識はとくに普及に依存している。散布によってのみ、こうした知識は入手され、あるいは検証されることが可能になるからである。共同社会の生活の中のある事実が、共通の所有物になるように広く流布されていないということは、表現上の矛盾である。普及することと、あまねく散布することとは異なった事柄である。種子はでたらめに投げ出されるというやり方によってではなく、根づきかつ発育の機会を持てるようなやり方によってまかれるのである。社会的探究の結果を伝達《コミュニケーション》することは世論を形成するのに似た事柄である。これは政治的民主主義の発展に際して最初に形成された観念の一つであり、また同時に最後に達成されるべき事柄の一つでもある。なぜならば、世論は公衆を構成するひとびとにより形成され抱懐された判断であり、公的問題に関する判断だからである。この二つの側面はそれぞれその実現に関して解決の困難な条件を課しているのである。

公的問題に関する見解と信念は、有効なかつ組織された探究を前提条件とする。活動中のエネルギーを発見し、それを相互作用の複雑な絡みあいを介してその結果にまで追跡する方法がないならば、公共の見解(世論)として通っているものも、それがいかに広く普及している見解であろうと、真の世論というよりは、その軽蔑的な意味における「意見」であろう。事実に関して虚偽を共有する人や誤った確信を共有する人の数は、害悪をもたらす権力の尺度である。偶然に形成された見解や虚偽を信じこませることに何らかの利益を持っているひとびとの指導のもとに形成された見解は、名前の上でだけ公共の見解でありうるにすぎない。それをこうした名前で呼ぶこと、すなわち、一種の認可証としてその名前を受け容れることは、それが行動を迷路に導く可能性を極度に大きくする。こうした見解を共有する人の数が多ければ多いほど、その影響力はいっそう有害なのである。世論は、それが不断に行なわれている方法的な研究と報告の所産でない時には、たとえたまたま正しいものであったとしても、断続的になる。それは危機に際して現われるにすぎない。

それゆえ、その「正しさ」はただ直接的危急にのみ関連している。事態の経過という観点からみると、世論が連続性を欠如していることは、それを不適当なものにしている。それはちょうど医師がある特定の期間悪化した病気を扱うことはできるが、病気に対する処置を病気をもたらした基底的な条件にまで適用することができないのと同様である。それゆえ、医師は病気を「治療する」——すなわち、目前に現われた恐るべき病気の徴候を鎮静させる——かもしれないが、その原因を変化させることはない。むしろ彼の処置は原因をいっそう悪化させる方向に影響することさえありうるのである。ただ、継続的な探究だけが、しかも持続的で結合されているという意味で継続的な探究だけが、公的な事柄に関する永続的な見解の素材を提供することができるのである。

最も有利な環境においてさえ、知識よりはむしろ「見解」——すなわち、判断や評価という意味で——の方が用いるのに適した言葉だとする考え方がある。なぜならば、厳密な意味では、知識は起こってしまったことおよび起こりつつあることだけを指すことができるからである。これからすべきである事柄というのは、まだ偶然的にすぎない未来についての予見を含んでおり、可能性の予測には常に含まれる判断の誤りにおちいることを避けえない。いくつかの計画が同一の事実に関する知識を拠りどころにしている場合でさえも、おそらくそこで追求されるべき政策に関しては明白な相違がありうるのである。しかし、真に公的な政策は、それが知識により活気づけられない限り、生じえないし、こうした知識は、体系的で、徹底的で、十分に整備された研究と記録がある時以外には存在しないのである。

さらに、探究はできる限り今日的なものでなければならない。そうでなければ、それはただ好古家の関心を満たすだけのものになる。歴史の知識は明らかに知識の一貫性に不可欠なものである。しかし、事件の現実的意味を把握するまでには至らない歴史は、切れ目を残し、介在する事柄についてのあて推量によってのみ公共の利益に関する判断の形成に影響を及ぼすことになる。ここに、きわめてはっきりとした現在の社会科学の限界がある。その素材はあまりにも遅く、事件からはるかにのちになって現われるので、目前の公衆の関心事に関する、またそれについてなされるべきことに関する世論の形成に有効に加わりえないのである。

状況を一瞥するだけでも、世界に生じつつあることに関する情報を蒐集する物理的および外部的手段は、その結果を研究し組織化する知的側面をはるかに追い越してしまっていることがわかる。電信、電話、さらに今日ではラジオ、安価で迅速な郵便、低廉な価格で資料の迅速な再生を可能にする印刷機などがいちじるしい発達をみせている。しかし、われわれがどんな種類の資料が記録され、それがいかに組織されているかを問う時、また資料が提示される際の知的形態について問う時、語られるべき物語はまったく異なったものとなる。「ニュース」とは今まさに起こったあることを意味しており、それは古いことやふだんのことから逸脱しているからこそ新しいというあることを意味している。しかし、その意味はそれが表わしている事柄との、その社会的影響との関係に依存する。そして、こうした意味は、新しいものが古いものとの、つまり、すでに起こっており、全体の経過の中に組みこまれた事柄との関係において位置づけられなければ、決定されえないのである。並存性と連続性なしには、事件は事件ではなく、たんなるできごとか侵入物にすぎない。事件とはそこから一連のできごとが始まっていくようなできごとなのである。それゆえここで、われわれは発禁、秘密主義、誤報が招来される際に働く私的利害の影響力を割り引くとしても、ニュースとして通っている事柄の非常に多くが、些細なもので、「センセーショナル」な内容を持つものであることを説明したことになるであろう。破局的な事柄、すなわち犯罪、事故、家庭内のいざこざ、個人的な不和と争いなどは連続性を突き破る最も明瞭な形態である。それらは、センセーションの最も厳密な意味であるショックを与える要素を供給するものである。また、新聞の日付だけがわれわれにそれらが去年起きたのかそれとも今年起きたのかを知らせることができるにすぎず、したがってそれらは相互の関連から完全に孤立させられているのだとしても、なおそれらは一段と抜きんでて新しいものなのである。

われわれは、こうした方法で社会的変化を蒐集し、記録し、提示することに慣れているので、研究書や論文は探究の道具を供給し精緻化するのに対して、真の社会科学は日常出版物の中にその現実性を表わすだろうといえば、おそらくばかげたことに響くであろう。しかし、公的判断の前提条件としての知識を準備することのできる唯一の探究は、今日的なものであり、日常的なものでなければならない。探究の専門化された装置としての社会科学が今日よりも進歩したとしても、それらが「ニュース」の日常かつ不断の蒐集とその解釈とに適用されるまでに至らない限り、それらは、公衆にとって関心の的となっている事柄についての見解を方向づける機能においては、比較的に無力であろう。他方、社会的探究の道具は、それらが今日的な事件から離れた場所と条件とのもとで作り出される限り、体裁の整わないものとなるであろう。

知識の普及の限界

公的問題に関する観念と判断との形成についていわれてきた事柄は、知識を公衆の構成員に有効に所有させるための知識の配分についても同様に適用される。課題の二つの側面を分離させることはすべて作為的なものである。しかし、宣伝活動と宣伝とについて議論すれば、それだけでも一巻の書物を必要とするであろうし、それも現在の著述家よりはるかに多くの経験を経た人々によってしか書かれえないであろう。それゆえ宣伝については、現在の状況は歴史に先例を見ないものだという所見を述べることができるだけである。民主主義の政治形態と社会的事柄についての思考における準民主的な習慣とは、政治的決定に到達するに際して、ある程度の公的討論ないし少なくとも一般的協議の擬装を強要してきた。代表制による統治は、公共の利益が公衆の確信に現われている時には、少なくとも公共の利益に基礎を置いているように見せなければならない。被治者の願望を確かめるそぶりさえみせずに、統治が営まれえた時代は過ぎ去っている。理論上は、被治者の同意が確保されなければならない。より古い形態のもとでは、政治的問題に関する意見の源に手を加える必要などなかった。こうした意見の源からエネルギーの流れが流出することもなかった。今日では、政治的事柄に関して民衆の間で形成される判断は、あらゆる要素がその判断に対立している場合でさえも、きわめて重要なものであるから、こうした判断の形成に影響を及ぼすあらゆる方法には額面をはるかに上まわる価値が与えられるのである。

政治的行為を統制する最も円滑な道は見解を統制することである。金銭的利益への関心が強力で、しかも公衆が自己を発見し認識するに至っていない場合には、こうした利害関心を持つ人々は、自分たちに影響を及ぼすすべての事柄において政治行動の動機をねじまげようとする抗し難い動機を持っている。産業や商業の経営に際しては一般にテクノロジィの諸要素が「営利《ビジネス》」によって不明確にされ、偏向させられ、挫折させられているが、それとまったく同様な事柄が、宣伝の取扱いに際しても明確に現われている。公的な意味を持つ素材の蒐集と販売とは、金銭的利得を追う今日の制度の一部をなしている。技術者により即物的なテクノロジィ上の基礎にもとづいて経営される産業という想定が、その実際の状態とはまったく異なったものであるように、ニュースの蒐集と報道ということも、もし報道者が真の関心を自由に働かせることを許されたならば、非常に違ったものとなるであろう。

芸術としてのコミュニケーション

問題の一面はとくに普及の側面にかかわっている。探究を解放し完成するだけでは何らの特別な結果ももたらさないということは、よくいわれることであり、また十分に真理の外見をそなえている。なぜならば、読書する公衆の大部分は精密な研究の成果を学習したり、吸収したりすることには関心を寄せていないといわれているからである。こうした成果は、それが読まれない限り、公衆の構成員の思考や行動に重要な影響を及ぼすことはできない。それは奥まった図書館のアルコーヴの中に留まって、少数の知識人によってのみ研究され、理解される。こうした反対論は、芸術の有効性が考慮にいれられていない場合には、適切なものであろう。専門技術的でインテリ向きの表現は、専門家のインテリにしか訴えないであろうし、大衆にとってニュースとはならないであろう。表現の仕方は基本的に重要であるが、それは芸術の問題である。社会学や政治学の季刊誌を日刊で編集したにすぎないような新聞が、限られた読者層と狭い影響力しか持たないことは疑問の余地がないであろう。ただその場合でさえも、こうした素材が存在し、それに近づきうるというだけで、それはある種の規整的効果を持つであろう。だが、われわれはさらにそれ以上のことを期待することができる。ニュースの素材がこうした巨大で広範な人間的意義を持つならば、それは存在するというだけでそれを直接的に人心に訴えるように表現しようという抗し難い誘惑になるはずである。別のことばでいえば、文筆的表現にたずさわる芸術家を解放することは、社会的探究を解放することと同様に、公的な事柄に関する妥当な見解を望ましい形で創り出すための前提条件なのである。意見や判断のような人間の意識的生活は、しばしば皮相的で些細な水準で進行する。しかし、人間の生活はより深い水準まで達する。芸術の機能は常に因習化され型にはまった意識の外殻を突き破ることであった。平凡な事柄、たとえば花、月光の輝き、鳥のさえずりのような珍しくも疎遠でもない事柄が、生活のより深い水準を触発する手段であり、それによってこうした深い水準が欲求や思考として意識に浮かぶのである。この過程が芸術である。詩、演劇、小説は表現の問題が解決不可能なものではないことの証拠である。芸術家は常にニュースの真の配達者であった。なぜならば、新しいものとは本来外面的なできごとではなく、それによって情緒や認識や評価を燃えたたせるものだからである。

「大社会《グレート・ソサイティ》」が「大共同社会《グレート・コミュニティ》」になるために満たされなければならない諸条件については、われわれは軽く触れただけで通り過ぎてしまった。大共同社会とは、不断に拡大し続け、また複雑に分枝する協働的活動の諸結果がことばの完全な意味において熟知され、その結果組織された明確な「公衆」が出現するような社会である。最も高度な、最も困難な種類の探究と、精巧で、微妙で、生気に満ち、かつ敏感なコミュニケーションの芸術とが、伝達と普及のための物理的な機構を手に入れて、それに生命を吹きこまなければならない。機械の時代がこうしてその機構を完成した時には、それは生活の手段となり、その専制的な支配者ではなくなるであろう。民主主義はその正当な地位にたち帰るであろう。なぜならば、民主主義とは自由で豊かな交わりを持つ生活につけられた名前だからである。それはウォルト・ホイットマンにその先覚者を持っていた。自由な社会的探究が豊かで感動的なコミュニケーションの芸術と固く結びつけられる時、民主主義はその極致に達するであろう。

第六章

方法の問題

大多数のものにとっては多分、また多数のものにとっては十中八九まで、「公衆」の没落した状態からの回復を左右する条件に関して述べられてきた結論は、民主主義的公衆の観念を実現する可能性を否定するに等しいものと思われるであろう。なるほどひとによっては、それはそれとして、物理的問題に関する科学の発展がほんの数世紀以前に直面していた巨大な障害を、希望がまったく失われているのでも信頼がまったく閉ざされているのでもないことの証拠として、指摘するかもしれない。しかし、われわれの関心は予言にはなく、分析にあるのである。ここでの目的からみると、課題が明らかになっていれば、いいかえれば、われわれが、公衆についての未解決な課題はそれ自体の発見と確認であることをみてきていれば、またわれわれが、方法においていかに模索的であるにせよ、課題の解決を左右する諸条件を理解することに成功していれば、それで十分なのである。われわれは方法に関する若干の含意と系《コロラリー》とを、それも実際のところ解決の方法に関してではなく、こうした方法の知的前提に関してくり返し示唆することで結びにしたいと思う。

方法に対する障害としての個人的と社会的との対置

社会的事柄の有効な討論のための準備は、ある種の障害、すなわちわれわれが今日社会的探究の方法に用いている概念の中に含まれる障害をとり除くことである。その途上に横たわる障害物の一つは、解決されなければならない最初にして最後の課題は、個人的なものと社会的なものとの関係だとする、あるいは未解決の問題は個人主義と集団との相対的な功罪または両者の間のある種の妥協の相対的な功罪を決定することだとする、一見根深い考え方である。実際には、個人的および社会的ということばは、いずれも絶望的に多義的なものであり、多義性は、われわれがこれらの術語を対立させて考えている限り、決してなくならないであろう。

個人的の意味

その近似的な意味においては、単一の事物として運動し行動するものは、何であれ個別的なものである。常識的にも、ある種の空間的分離がこうした個別性の特徴である。ある事物は、それが石であれ、木であれ、分子や水滴であれ、あるいは人間であれ、他の事物から独立した単位として立っていたり、横たわっていたり、あるいは運動したりしている時には個別的である。しかし、卑俗な常識でさえもただちにある種の限定を持ち出すであろう。木が立っているのは、大地に根づいている場合だけであり、それも日光、空気、水と関連を持ちながら生きたり死んだりする。それにまた、木は相互に作用しあう部分の集合でもあるが、木はその細胞の集まりである以上に単一の統一体であろうか。石は一見それだけで動くように見える。しかし、それは他の何かによって動かされるのであり、その飛行の径路は最初の推進力だけではなく、風や重力にも依存している。ハンマーが打ち降されると、一個の石であったものも一山の砂塵になる。化学者がほこり状の微粒子の一つに作用を及ぼすと、それはたちどころに消滅して分子、原子、電子になるが、その場合には個別的なものはどうなるのか。われわれは今や孤立した、しかし孤独ではない個体に到達したのであろうか。それともたぶん電子は、われわれが出発点にした石の場合のように、その単独で単一の行動様式に関しても、その結合関係に依存しているのであろうか。その行動もまたある程度、より包括的で相互作用的な背景の一機能なのであろうか。

別の観点からみれば、われわれは単一のものとして行動し運動する存在を個別的なものの近似的概念とみなさなければならない。われわれはその結合関係や紐帯だけではなく、それが行動し運動する際に関係する諸結果にも考慮を払わなければならない。われわれは、ある目的、ある結果に関しては木が個体であり、他の目的と結果に関しては細胞が、第三のそれらに関しては森や景色が個体だと述べることを余儀なくされる。一冊の本が、一頁が、一折りが、一章が、それとも印刷の活字が個別的なものなのか。一冊の本に個別的統一性を与えるものは、装丁なのか、それとも含まれている思考なのか。それとも、こうした事柄はすべてある特殊な状況においてそれぞれに関した諸結果に応じて個別的なものを定義するものであるのか。われわれが陳腐な通念に逃げこんで、あらゆる疑問を無用なへりくつとして斥けるのでない限り、われわれは過去と現在の結合関係とだけではなく、認められる相互の差異とも関係づけるのでなければ、個別性を決定することができないかのように思われる。もしそうだとするならば、個別性とは、それが何か他のものであるか否かは別としても、われわれの想像力がおちいりがちな、空間的に孤立した事柄とまったく同じものではないのである。

　こうした議論はとくに高度な水準ないしとりわけて深遠な水準で進められているのではない。しかし、少なくともそれは、個人とは単独で動くものであるという定義についてわれわれを慎重にさせるであろう。どんなものからも独立した自己閉鎖的な行動の仕方ではなくて、他の特殊な行動の仕方と協力し結合しているある特殊な行動様式がわれわれのめざしているものなのである。どの人間もある点ではそれぞれ自身の生命を営んでいる多数の細胞から成る結合体である。そして各細胞の活動が、それが相互作用を及ぼしている事物により条件づけられ、方向づけられているように、われわれが特に個人として把えている人間的存在もまた彼と他の人々との結合関係により動かされ、規制される。彼が行なうこと、彼の行動の結果として起こること、彼の経験を構成するものなどは、孤立の状態では記述することさえできないし、ましてや評価することもできない。

しかし、すでにみてきたように、協働的行動様式が普遍的法則であるとしても、協働の事実がそれだけで社会を作るのではない。これもまたすでにみてきたように、社会の形成は、結合的活動の諸結果とそれを生み出す際の各成員の明確な役割とを認知することを要求する。こうした認知は共通利益を創り出すのであり、その共通利益とは結合的活動におけるおのおのの役割とその各構成員が結合的活動に対してなす貢献とについての関心である。それゆえ、そこにはたんに結合的であるだけではなく、真に社会的な何ものかが存在するのである。しかし、社会がその構成員に対抗して自らをその上に置きうるようにするために、社会はそれ自体の構成員からそれぞれの特徴を取り去るものだと想像するのは不合理である。社会はただ、その構成員ないし彼らの同類が何か他の形の結合において示す特徴に対して優越しうるだけである。水の内部における酸素分子は、ある点では、それが何か他の化学的結合内にある場合とは異なった仕方で運動するであろう。しかし水の成分としては、水が水である限り酸素分子は水が運動するように運動する。知的に理解可能な区分を唯一ひくことができるのは、異なった関係におかれた酸素の運動諸様式相互間においてであり、また多様な状況に対する関係においてみられた水の運動諸様式相互間においてであって、水の運動様式と水の内部で水素と結合した酸素の運動様式との間においてではない。

　結婚という形で結合している場合の一人の人間は、その結合関係において、独身であったときの彼、あるいは何か他の結合体――たとえばクラブ――の構成員として存在している彼とは異なったものである。彼は新しい能力と免役《イミュニティ》および新しい責任を持つ。この結婚という形で結合している人間は、他の結合関係において行動する場合の彼自身と比較されうる。彼はその〔結婚にもとづく〕結合体の内部ではそれぞれの特殊な役割という点から彼の妻と比較され対照されえよう。しかし、結合体の構成員としては、彼は彼が属している結合体と対照的なものとして扱われることはありえない。結合体の構成員としては、彼の特徴や行為は明らかに彼がその結合体によって獲得したものであり、他方統合された結びつきの特徴や行為は、結合体の内部における彼の地位によりもたらされたものである。われわれがこうしたことを理解するのに失敗したり、あるいはこうした考え方によって混乱させられる唯一の理由は、われわれがある結合関係に置かれている人間から、何か他の結合関係にある人間へ、すなわち、夫としてのではなく、実業家、科学研究者、教会員、あるいは市民としての人間へと安易に目を移してしまうからであり、こうした結合関係における彼の行為とその諸結果とは、結婚生活において結合体に帰せられるべき行為や諸結果とは明らかに異なったものなのである。

こうした事実とその解釈についての一般的な混乱とに関するよい例は、有限責任の株式会社として知られている結合様式の場合に見出される。こうした法人団体は、その個々の構成員が他の結合関係にある場合に持っているものとは異なった能力、権利、義務、および免責を持った、統合された集団的行動様式である。その多様な構成員は、また多様な地位——たとえば株式の所有者は、ある事項について役員や重役と異なる——を持つ。もしわれわれが事実をしっかりと銘記しないならば、人為的な課題を創り出すことは——しばしば起こっているように——容易であろう。たとえば、法人団体は、その個々の構成員が当の団体内で彼らが持つ結合関係以外の多数の関係においては、なしえない事柄をなしうるところから、法人的集合体のこうした個人に対する関係について、人為的な課題が提起されるのである。法人団体の構成員として個々人自身は多様な存在であり、彼らがその構成員でない場合に所有するものとは異なった性格と権利と義務とを持ち、また彼らが結合的行動の他の形態において所有するものとも異なった性格と権利と義務とを持つということは忘れられている。しかし、個人が法人団体の構成員として、それぞれの団体での役割において正統になしうる事柄を法人団体が行なうのであり、逆もまた真である。集団的統一性は配分的にも集合的にも考えることができるが、しかし集合的に考えられる場合にも、それはその配分的要素の統一であり、配分的に考えられる場合にも、それは集合体によるかつ集合体内での配分なのである。配分的側面と集合的側面との間に対立関係を設定することは無意味なことである。個人は彼が不可欠の一部をなしている結合関係に敵対しえないし、また結合関係もその統合された構成員に対立しえないのである。

対立の存在するところ

しかし、集団は相互に対立しあうことがありうるし、個人も相互に対立しあうことがありうる。そして、異なった諸集団の構成員である個人は彼自身の内部で分裂することがありうるし、また真の意味で相剋しあう自我を持ち、あるいは相対的に分裂した個人となることがありうる。ある人間が教会の構成員であることと企業体の構成員であることとは別の事柄だといってよい。この相違は両者があたかも防水区画の中にあるように相互に無関係であることを表わすこともあれば、内部の相剋を必然的に伴った分裂になることもある。

こうした事実の中に、われわれは社会と個人との間に設定される通常の対立関係の基礎を持っている。その場合には、「社会」は非現実的な抽象概念となり、また「個人」も同様に非現実的な抽象概念となる。ある個人は必ずしも結婚している必要はないし、また教会の構成員や投票者であったり、クラブや科学研究の組織に属していたりする必要もないので、彼はこの、あの、さらに他の集団から引き離されうるということから、どの団体の構成員でもない余剰的個人のイメージが心中に生じてくるのである。こうした前提から、そしてこうした前提からのみ、社会と集団の中で諸個人がいかにして結合するに至るかという非現実的な疑問が生ずる。個人的なものと社会的なものと相互に対立しあっているのであるから、それを「和解させる」課題があるというわけである。しかし、真の課題は集団と個人とを相互に調整するということなのである。

われわれがすでに別の文脈で注意してきたように、特殊な必要性とエネルギーとを伴って新たに形成されつつある産業的集団化が、古い既存の政治制度やその要求と衝突しあう場合のような急速な社会的変化の時代には、こうした非現実的な問題がとくに尖鋭なものになる。そして、実際の問題は、人々が協働的活動において結合する方法や形態を再建することだということは忘れられがちなのである。その結果、個人それ自体が、社会それ自体から自らを開放し、彼の固有の権利、ないし「自然な」、自己所有的で自足的な権利を要求する闘争が出現する。経済的結合関係の新しい形態が強力に成長し、他の集団に対して傲慢で抑圧的な権力を行使する時でも、古い誤謬は生き残っている。しかし、課題は今や社会の統制下にあるこうした個人を一個の集団として導くことだと考えられる。それは、依然として、社会関係を再調整する課題として、あるいは配分的側面からは、あらゆる集団のあらゆる個人について能力のより均等な解放を確保する課題として、表わされなければならないのである。

かくて、われわれはわき道にそれながらも方法という主題に戻ってきた。わき道を通ったのもこの主題のためであった。社会的問題に関する討論が比較的に不毛であることの理由の一つは、非常に多くの知的エネルギーが個人主義と全体としての集合主義との関係という想像上の課題に大規模に流入しているからであり、対立のイメージがきわめて多くの特殊な問題に影響しているからである。それによって、思考は唯一の有益な問題である実際の素材の研究ということからそらされて、概念の論議に向けられている。権威という概念の自由という概念に対する関係、個人的権利という概念の社会的責務という概念に対する関係についての「課題」が、経験的事実に対しては包摂的例証的に言及するだけで、与えられた条件のもとで特定の自由や権威がある特殊な配分をされた際の諸結果に関する探究にとって代わり、どのように変更された配分がより望ましい結果を生ずるかについての探究にとって代わっているのである。

公衆の主題についての最初の考察においてみたように、どのようなトランザクションが可能な限り自発的な創造力や合意に残されるべきかという問題や、何が公衆の規制のもとにおかれるべきかという問題は、注意深い観察と思慮深い研究とによってのみ知られうる、時間と空間と具体的条件とに相関的な問題である。なぜならば、それは諸結果に関連するものだからであり、諸結果の性質と、それらを認知しそれらに働きかける能力は、作用している産業的および知的力に応じて変化するからである。ある時点で必要とされる解決策あるいは配分の調整は、他の状況に対してはまったく不適当なものである。社会的「進化」は集合主義から個人主義へ向かうかその逆であるかだというのは純然たる迷信である。それは、一方における社会的統合の連続的再配置と、他方における個々人の能力と精力との連続的再配分とにある。個々人は、制度化されて支配的になったある形態の結合関係の中に彼らの潜在力を吸収される場合には、彼ら自身、束縛され、抑圧されていると感ずる。彼らは純粋に個人的自由を求めて叫んでいるのだと思っているかもしれないが、しかし彼らが行なっていることは、彼らの個人的な潜在力のより多くが解放され、彼らの個人的経験がより豊かになるように、他の結合関係に参加するいっそう大きな自由を実現することなのである。人生は、全体としての「社会」が個人を支配することによってではなく、家族、氏族、教会、経済制度など、ある形式の結合関係が、他の顕在的また潜在的形式の結合関係を支配することによって不毛にされてきたのである。他方では、個々人に「社会的統制」を及ぼすという課題は、現実には多数の個人がより豊かでより深い経験を持つために若干の個人の行為や結果を規制するという課題なのである。いずれの目的も、ともに知的には、現実の状態をその形態とその諸結果とにおいて知ることによってのみ達成されうるのであるから、公的事柄において考慮にいれられるべき社会的思考の主要な敵は、きわめて多くのエネルギーを費消させるような、まったく不適当であるがゆえに不毛で無能な思考の径路だということが、確信をもって主張されうるであろう。

絶対主義的論理の意味

方法に関する第二の点もこの問題に密接に関連している。政治理論は一般に哲学の絶対主義的性格を共有してきた。このことは絶対論を奉ずる哲学者だけにあてはまることではない。みずから経験主義的哲学者と名のる人でさえも、彼らの理論がその性格において非歴史的だと主張していることによって明らかなように、彼らの理論の中にある種の終局性と永遠性とを仮定してきたのである。彼らは、彼らの扱う素材をその前後関係からひき離してきたが、ひき離された素材はその分離の程度に応じて限定されない絶対的なものになっている。人間性を扱う社会理論においては、ある種の固定化され画一化された「個人」が前提とされ、その個人において仮定されたもろもろの特徴から社会現象が推論されうるとされてきた。かくて、ミルは道徳的および社会的科学の論理に関する彼の議論の中で次のようにいっている。「社会現象の諸法則は、社会状態において結合している人間の行動や情念に関する諸法則以外の何ものでもないし、またありえない。しかし、社会状態における人間もやはり人間である。彼らの行動や情念は個々人における人間性の諸法則に従うのである」（J・S・ミル『論理学』第六巻、第七章第一節　傍点は著者デューイのもの）。明らかにこうした叙述において無視されていることは、個々の人間の「行動と情念」は具体的には彼らの信念や目的も含めて彼らが住んでいる社会的環境が原因になって存在しているものだということ、それらは同時代の伝承された文化によって、同調するにせよ反抗するにせよ、徹頭徹尾影響されるものだということである。一般的であらゆるところで同一なものは、せいぜい人間の有機的構造、すなわち人間の生物学的性質ぐらいのものである。これを考慮にいれることは明らかに重要なことであるが、同時に人間の結合関係に特有な特徴をそれから演繹することができないことも明らかである。こうして、ミルは形而上学的絶対性を恐れていたにもかかわらず、彼の主導的社会概念は論理的に絶対主義的である。そこでは、固有の社会生活のあらゆる環境において、つねに規範的かつ規整的なある種の社会法則が存在すると仮定されていたのである。

「進化」の原則による例証

進化の原則は方法におけるこうした観念に皮相的な修正をほどこすにすぎない。なぜならば、「進化」は、それ自体しばしば非歴史的に理解されていたからである。すなわち、社会的発展が通過しなければならない、固定した段階のあらかじめ定まったコースが存在すると仮定されていたのである。その時代の自然科学から借用された諸概念の影響のもとに、社会科学の可能性はまさに、固定された不変的なものの確定如何にかかわっているということが当然のこととされていた。今日ではこうした論理はすべて自由な実験的社会的探究にとって致命的である。もちろん、経験的事実の研究は試みられたが、しかしその結果はある種の借りものの、かつ受け売りの公式へはめこまれなければならなかった。物理的事実と法則とが認知され使用される場合でさえも、社会的変化は発生する。現象と法則とは変化しないが、しかしそれにもとづく発明が人間の状況に修正を加えるのである。なぜならば、そこにはただちにそれらが生活に及ぼす影響を規制しようとする努力が生ずるからである。マラリア菌の発見は、知的にみた場合、その存在上の因果関係を変えるわけではないが、しかしそれは終局的には湿地に排水設備を設けたり、油を流したりなどすることによって、また他の予防手段を講じたりすることによって、マラリア発生の原因になるような事実を変えるのである。もしも、好況と不況との景気循環の法則が理解されるならば、変動を除去しないまでも緩和するための手段がただちに探究されるであろう。人々が社会的な力はいかに作用するか、またその結果はいかにしてもたらされるかに関してある観念を持つ場合には、彼らはただちに望ましいものである限り諸結果を確保し、望ましくないものであれば、それらを避けようと努力する。こうしたことは最も普通の観察による事実である。しかし、社会的不変性と自然科学的不変性とを同一視する立場にとって、こうした事柄がいかに致命的であるかはそれほどしばしば認められてはいない。社会生活に関する「法則」は、それが純粋に人間的なものである場合には、工学の法則に近いものである。もしも、あなたがある種の結果を得たいのであれば、ある種の手段が発見され、用いられなければならない。事態を解明する手がかりは、求められている諸結果についての明晰な概念とそれらに到達するための技術についての明晰な概念、さらにもちろん他の結果よりもある結果の方を求めるようにさせる欲求と嫌悪との状態なのである。こうした事柄はすべてその時代に流布している文化の機能にほかならない。

社会的知識と芸術の後進性は、もちろん人間性に関する知識あるいは心理学の遅れていることと関連しているけれども、適切な心理に関する科学が発展して、物理学が物理的エネルギーに対して手に入れた支配力に似た、人間の活動に対する支配力を持つに至るであろうと想像することも不合理である。なぜならば、人間性についての知識が増大することは、直接にかつ予測しえない形で人間性の作用に変化をもたらし、そして新たな規制方式が必要とされるに至り、さらに同様なことが無限に続くからである。よりすぐれた心理学の第一の主要な効果は教育にみられるだろうと述べることは、予言というよりはむしろ分析の問題である。穀物や食用豚の発育や病気は、今では政府の補助金と世話を受けるにふさわしい対象と認められている。だが、青年たちの肉体的、精神的健康増進に寄与する諸条件について同様の研究を行なうのに役だつ機関は未発達の状態にある。われわれは学校の建物とその物理的装備のためには巨額の資金を消費してきた。しかし、児童の精神的、道徳的成長に影響を及ぼす諸条件に関する科学的研究のために公的な資金を体系的に支出することは、まだ始まったばかりであり、この方面で大幅な増額を要求することは非難の目でみられるのである。

さらにまた、精神障害や精神遅滞の患者のための病院や収容所には、すべての病気を合計した数よりも多くのベッド数があると報じられている。公衆は悪い条件が生み出す結果を取り除くためには惜しみなく払う。しかしこうした不幸の原因を研究するために資金を支出することには、比較的に注意を払わないし、熱意も示さない。こうした変則的な事態が生ずる理由はきわめて明瞭である。人間性に関する科学がこうした活動に公的な支持を与えるにふさわしいところまで進歩しているとは確信されていないのである。心理学や同種の研究がいちじるしく進歩すれば、こうした状況も変化するであろう。そして、われわれはただ教育の前提条件について語ってきたにすぎないのである。記述を完全にするためには、人間性についての妥当で一般に共有された知識があると仮定した場合に、両親や教師の方法にどのような差異が生ずるであろうかを明らかにしなければならないのである。

しかし、こうした教育の発展は、それが本質的にきわめて重要なものであるとしても、すでに物理的エネルギーについて行なわれている支配に比肩しうるような、人間的エネルギーの支配を伴うことはないであろう。そうしたことを想像することは、人間を外部から機械的に操作される生命のない物体の水準にひきおろすことにすぎないであろうし、またそれは人間の教育を蚤や犬や馬の訓練に近いものにするのである。前途に佇立《ちょりつ》する困難は「自由意思」と呼ばれる何かではなくて、教育におけるこうした変化はあらゆる種類の順列と組合わせを可能にする新たな潜在能力を解放するであろうし、一方ではそれが社会現象を変化させるが、他方ではこうした変化が、結局は人間性とその教育的変形とに不断にかつ無限に続く影響を及ぼすであろうという事実なのである。

人文科学と自然科学との差異

人文科学と自然科学とを同一視することは、別のことばでいえば、絶対主義的論理のもう一つの形、すなわち一種の自然科学的絶対主義を示すにすぎない。われわれは疑いもなく精神的、道徳的生活の物理的条件を統御する可能性が始まったばかりのところにいる。生理化学によって、神経組織についての、また腺分泌の過程と機能についての知識が増大すれば、やがてわれわれは、これまで人類が無力な状態に置かれてきた感情的知的障害の現象を取り扱うことができるようになるかもしれない。しかし、こうした状態を統御することは人類が自らの正常な潜在能力を使用する仕方を決定することにはならないであろう。もしこうしたことを想像する者があるならば、彼にはこうした治療ないし予防の方策を未開の文化の状態にある人間と現代の社会に住む人間とに適用する場合を考えさせればよい。社会環境の諸条件が本質的に不変に止まっている限り、各人は依然として自らの経験と回復したエネルギーの方向づけとに関して、人間的環境に含まれる対象と手段とによって、またひとびとがその時代に一般的に賞讃したり、愛着を感じたりする事柄によって影響され続けるであろう。軍人や商人はよりよい軍人や商人になり、より能率的になるであろうが、しかし依然として軍人や商人なのである。

こうした考察は、たんに学校教育という意味でだけではなく、共同社会がその成員の性向と信念とを形成するために企てるあらゆる方法も含めて、教育の方法と目標とに現在の絶対主義的論理が及ぼした影響に関する簡単な議論を提起している。教育の過程が、現存する制度の不変的永続化をめざしているのではない時でさえも、獲得されるべきある種の望ましい個人的および社会的目標の心的映像が存在するはずであり、固定した明確な目標についてのこうした観念が教育の過程を統御すべきであると仮定されている。改革派もこの信念を保守派と共有している。レーニンとムッソリーニの信奉者は、あらかじめ考えた目標に貢献するであろう性向と思想の形成を達成するための努力において、資本主義社会の指導者たちとはりあっているのである。もし違いがあるとすれば、それは前者がより意識的に推進しているということである。実験的で社会的な方法は、おそらく何よりもまずこうした観念を放棄する際に現われるであろう。自由になった知識が到達した範囲で、個人の潜在能力を解放するのに最もよく貢献するような物理的社会的条件で青年たちを包んでやるために、あらゆる注意が払われるであろう。こうして形成された習慣が彼らに将来の社会の要求の解決と将来の社会の状態の発展とをゆだねるであろう。その時、そしてその時にのみ、利用しうるあらゆる社会的諸力は、改善された共同社会生活のための資産として機能することになるであろう。

われわれが絶対主義的論理と名づけてきたものは、社会的事柄についての方法に関する限り、探究の代わりに概念論議と概念間の論理的関係の論議を行なうことをその帰結としてもたらす。どのような形をとるにせよ、それはドグマの支配を強めるという結果を生ずる。それらの内容は変化するかもしれないが、ドグマは残存する。最初にわれわれは国家について議論した際に、原因的諸力を求める方法の影響について述べた。はるか以前に、自然科学はこうした方法を放棄して、事象の相互関係を探る方法を採用した。われわれの言語と思考とは、依然として現象が「従う」法則の観念に染まっている。しかし、自然事象の科学的探究者は、彼の実際の手続きにおいては、法則を、たんに生起する事柄における諸変化の不変的相関関係として、すなわち、ある現象、あるいはその現象のある側面ないし局面が、他の特殊な現象が変化する場合にそれに応じて変化する方式の記述として扱っている。「因果関係」とは歴史的連鎖に関する、また一連の変化が発生する順序に関するものである。原因と結果を知るとは、抽象的には変化における相関関係の定式を知ることであり、具体的には連鎖的事象のある種の歴史的履歴を知ることである。原因的諸力に訴えることは、一般に社会的事実の探究を誤った方向へ導くだけではなく、目標と政策の形成にも同様に重要な影響を及ぼす。「個人主義」あるいは「集合主義」の教義を固持する人は、あらかじめ彼のために定められたプログラムを持っている。なされる必要のある特殊な事柄や、ある環境のもとでそれを行なう最良の方法を発見することは、彼には関係のないことである。彼に関心があるのは、究極的原因の性質に関する彼の先入見から論理的に導出された堅固で不変の教義を適用するということなのである。彼は、変化における具体的相互関係を発見する責任も、出来事の因果関係ないし歴史をその複雑な履歴を通じて追跡する必要も免れている。彼は、ちょうど古代の自然哲学において思想家が、何が生ずるかをあらかじめ知っており、それゆえに彼のなすべきすべては定義と分類との論理的枠組みを用意することであったのと同様に、あらかじめなされなければならない種類の事柄を知っていると考えられるのである。

代案としての実験的探究

われわれが思考と信念とは絶対的ではなく、実験的であるべきだという時、われわれがまず心に描くのは、実験室での実験に類似した事柄ではなく、ある種の論理的方法なのである。こうした論理は次の要素を含んでいる。第一に、いかなる体系的知識にも不可欠な概念、一般的原則、理論、弁証法的展開が探究の道具として形成され、検証されるべきだということ。第二に、社会的行動のための政策と提案とは、頑固に固執されたり実行されたりするプログラムとしてではなく、作業仮説として扱われるべきだということ。それらは、それらが実行に移された時に伴う諸結果についての、不断のかつ十分に準備された観察に服するものと考えられ、また観察された諸結果にもとづく迅速で柔軟な修正に服するものと考えられるという意味において、実験的なものとなるであろう。こうした二つの条件が達成されるならば、社会科学は調査を指導し、その諸結果を記録し解釈する（組織する）ための装置となるであろう。装置はもはやそれ自体知識と考えられることはなくなり、社会的意味を持つ現象を発見し、その意味を理解するための知的手段とみられるようになるであろう。追求すべき最良の針路や試みられるべき最良の政策に関する判断の相違という意味では、意見の相違はなお存在するであろう。しかし、支持する事実が欠如しているなかで形成され保持されている信念という意味での意見は、数においても重要性においても減少するであろう。特殊な状況のゆえに生み出された意見が固定されて絶対的基準になったり、永遠の真理とこじつけられたりすることはもはやないであろう。

方法と専門家による統治

論議のこの局面は、民主主義的公衆に対する専門家の関係についての考察によりしめくくることにしよう。政治的民主主義に関する初期の主張の消極的側面は大部分その説得力を失ってきた。なぜならば、それは世襲的・寡頭的貴族制に対する敵意にもとづいていたからであり、こうしたものは大体において権力を剝奪されてきたからである。今支配している寡頭制は経済的階級のそれである。それは出生と世襲的地位とによってではなく、経営の才能とそれに伴う社会的責任の負担とによって、またよりすぐれた才能のゆえに付与された地位によって、支配することを要求している。とにかく、それは変わりやすい不安定な寡頭制であり、その構成員は急速に変化しているのであって、その構成員とは、多かれ少なかれ彼らが統御しえない偶然事と技術革新とに左右されているひとびとである。それゆえ今では、問題は逆になっている。こうした特殊な寡頭制の抑圧的権力を抑制する方策は、無知で移り気な大衆に対する訴えかけではなくて知的貴族制にあり、それは、大衆の関心は皮相的で些末なものであり、大衆の判断は強い偏見によって圧倒されている時にのみ信じ難いほどの移り気を免れるがごときものだからだ、ということが主張されているのである。

民主主義的運動は本質的に過渡的なものであったといってよいであろう。それは封建的諸制度から産業主義への移行を示しており、またかつて大衆を閉じこめていた法的制限から大衆を解放する意味を持っていた状況のもとで、教会的権威と結托していた土地所有者から産業の指導者へと権力が移行したことと符合していた。しかし、実際にそう主張されではいるものの、こうした法的解放を、古い抑圧からの解放は解放されたひとびとに事態の規制に参加するにふさわしい知的道徳的資質を付与するとする、ドグマに変換することは不合理である。民主主義的信条の本質的錯誤は、諸制限からの重要で望ましい解放に影響を及ぼした歴史的運動が、こうして解放されたひとびとの持つ統治能力の源泉ないし証明であるとする観念を、実際には二つの事柄に共通な因子の存在しないところで保持している点にあるとされている。他にとるべき明白な道は、知的に資格のあるひとびと、専門的知識人による統治である。

哲学者が統治すべきだというプラトン的観念の復活は、哲学が笑い草のようなものになって以来、専門家の観念が哲学者の観念にとって代わり、他方で専門家、すなわち活動している熟達者のイメージが自然科学の興隆と産業の指導とによって身近で共鳴しやすいものになってきたために、いっそう魅力あるものになっている。皮肉屋は、この観念は、理論と実践との分離や専門化された科学の実生活からの遊離に伴う無気力を補償するために、知識人階層によって抱かれている空想ないし白日夢にすぎず、その懸隔は知識人によってではなく、産業の指導者に雇われている発明家や技師によって架橋されているのだと主張するかもしれない。ある人が、こうした主張はそれ自身の根拠を証明することにかかわりすぎていると主張するならば、その人はそれだけ真理に近づいているのである。大衆が、その前提に含まれているように知的には済度し難いものである場合にも、とにかくも大衆は専門家による統治が行なわれるのを認めるにはあまりにも多くの欲望とあまりにも多くの権力とを所有しているのである。無知、偏見、軽信性、嫉妬、不安定性など、政治的事柄への参与から彼らを失格させるとされていた事柄が、まさに彼らを知識人による統治に対して受動的に服従することにもいっそう不向きなものにする。経済的階級による統治は大衆から隠されうるかもしれない。だが、専門家による統治は覆い隠されえなかった。知識人が自発的に巨大な経済的利益の道具となった場合にのみ、専門家による政治は機能しうるであろう。そうでなければ、彼らは大衆と同盟しなければならないであろうし、それはふたたび大衆による統治への参加という問題を含むのである。

民主主義と討論による教育

より重要な反対論は、専門家の手腕は専門化された技術的な事柄、すなわち一般的政策がすでに申し分なく形成されていることを要請する行政や執行の仕事においてきわめて容易に獲得される、という主張である。専門家の政策は大体において賢明で博愛的である、すなわち社会の真の利益を保持するように形成されると想定されている。だが、どの貴族制的統治の途上にも横たわる究極的障害は、大衆の側からする理路整然とした主張が欠けているために、最良のものが最良のものとして止まりえないこと、賢明なひとびとが賢明なひとびとであることをやめることにある。知識人《ハイ・ブローズ》が、共通の用務を規制するために使用されるべき知識の独占を確保することは不可能である。彼らが専門化された階層の一員となる程度に応じて、彼らは、彼らが奉仕すべきものと考えられている必要についての知識から疎外されるのである。

民主主義のように、すでに民衆投票、多数決原理などを獲得している根本的政治形態のためにさえ最も強く主張されなければならない点は、それがある程度まで社会の必要と苦悩とを明かす協議と討議の場を含んでいるということである。この事実は政治の元帳に載った重要な資産の項目である。ド・トクヴィルはほぼ一世紀前に、合衆国における民主主義の見通しに関する彼の研究の中でそれを書きとめている。民主主義がその選出された統治者における凡庸さを好む傾向を持つことを非難し、またそれが感情の激発にさらされていることおよび愚行に対して寛大であることを認めながら、彼は民主的統治が政治的規制の他の形態とは違って教育的であるという意味のことを指摘していた。それは、共通の利害が存在するという認識を、たとえ共通の利害が何であるかの認識は混乱しているとしても、強いるのであり、かつそれが討論と公開性との必要性を強要することが、共通の利害が何であるかについてある程度の明確化をもたらすのである。熟達した靴職人がいかにしたら靴の不良な箇所を直しうるかについての最良の判定者であるとしても、靴をはいている人こそ、その靴が窮屈かどうかということを、またどこが窮屈なのかということを最もよく知っている。民主的統治は、公共の精神を活気づける上ではその成功が偉大なものではなかったとしても、少なくともそうした精神を創り出してはきた。

専門家の階級は不可避的に共通の関心から遠ざかり、その結果私的関心と私的知識とをもった階級となるのであるが、こうした私的知識は社会的事柄においては全然知識ではない。しばしばいわれるように、投票は弾丸の代わりをする。しかし、より重要なことは、頭数を数えることはそれに先立って討議と協議と説得との方法に依拠することを強要するが、力に訴えることの本質はこうした方法への依存を削減するということである。たんなる多数決原理としての多数決原理は、その批判者がそれを愚劣なものと非難しているように愚劣なものである。しかし、それは決してたんに多数決原理であるのではない。実際的政治家であったサムエル・J・ティルデンがかなり以前に述べたように、「多数派が多数派になる際の手段がいっそう重要な事柄である」。すなわち、先行する討議、少数派の見解を満足させるための意見の修正、少数派も機会を持っていたのであり、次の機会には少数派も多数派になるのに成功するかもしれないという事実によって少数派に与えられる相対的満足がそれである。あるヨーロッパの国々での「少数派の課題」の意味を考え、それを民主的統治を行なっている国々における少数派の地位と比較してみよ。新しい観念と同様にあらゆる価値ある観念もまた少数派とともに、おそらくは少数派の中の少数派とともに始まるということは正しい。重要な問題は、そうした観念が拡散して多数の人々の所有物となる機会が与えられるということである。大衆が彼らの必要に関して専門家に情報を伝える機会のないような専門家による統治は、少数者の利益のために営まれる寡頭制以外の何ものでもありえない。そして、啓蒙は行政の専門家に大衆の必要を考慮にいれさせるような方法で推進されなければならない。世界は大衆によってよりも、指導者や権威によって苦難を蒙ってきたのである。

別のことばでいえば、本質的必要事は論争と討議と説得の方法と条件とを改善することである。それはまさに公衆の課題である。われわれは、こうした改善は本質的に探究とその結論の伝播の過程の解放と完成とに依存していると主張してきた。実際には、探究は専門家に属する仕事である。しかし、彼らの手腕は政策を形成し執行する際に示されるのではなく、政策が依拠すべき事実を発見し知らせる際に示される。彼らは、すなわち科学的研究者と芸術家とは、専門的な事柄を表現するという意味で技術的専門家なのである。多くのひとびとが必要とされる研究を遂行するための知識と技能とを持つことは必要ではない。要求されることは、彼らが、他のひとびとによって供給された知識が共通の関心事に対して持つ意味を判断するだけの能力を持つことなのである。

こうした判断を彼らの目的に適合させるのに必要な知性と能力の程度を誇張することは容易である。第一に、われわれはたぶん現在の状態にもとづいて、われわれの評価を形成するであろう。しかし、現在の重大な障害は疑いの余地なく、良い判断のための資料が欠如しているということであり、精神の生得的能力も事実の欠如を補うことはできない。秘密、先入見、偏見、虚報、宣伝が純然たる無知とともに、探究と公開性とによって置き換えられるまでは、大衆の現在の知性はいかにして社会的諸政策の判断にとって適切なものとなりうるかを語る方法がないのである。それは確かに現在よりもはるかに先に進むことになるであろう。第二に、有効な知性は先天的生得的才能ではない。生得の知性（しばらくの間、知性は生得的でありうると認めてのことだが）における差異が何であろうとも、現実の精神は社会の諸条件が生み出した教育に依存している。それゆえ、過去の専門的精神と知識とが道具、用具、装置、テクノロジィの中に体現された結果、それらを生み出しうるだけの知性を持っていない人々でも、今ではそれらを知的に使用することができるように、公的な知識の気流が社会的事象を吹き抜ける時もいつかは訪れるであろう。

知性の水準

知性が体現されることによって定着した作用の水準はつねに重要な事柄である。未開の文化において優秀な人間は彼の仲間よりも優秀であろうが、しかし、彼の知識と判断とは先進的文明に住む才能の劣った人のそれよりも多くの点でいちじるしく遅れているであろう。能力は使用しうる対象と道具とによって制約されている。さらに能力は、伝統と制度化された慣習とによって設定された、注意と関心とについての支配的習慣にいっそう強く依存する。意味は諸々の手段によって形成された媒介路を流通するが、それらの手段の中では結局、思考とさらにはコミュニケーションの媒介手段である言語が最も重要である。機械工はオームとアンペアについて、アイザック・ニュートン卿も彼の時代にはなしえなかったほどに論ずることができる。ラジオをいじりまわしている多くの人々は、ファラディが夢想だにしなかった事柄について判断を下すことができる。もしニュートンとファラディが今ここにいるとすれば、アマチュア無線家や機械工は彼らと比べてみる限り幼児に等しいであろうなどと主張することは問題をそらすものである。それに対する反駁は、差異は思考すべき対象の差異と流通している意味の差異とによって生じたのだという点を持ち出すだけで足りよう。社会の状態がより知的になる、すなわちそれがより多くの知識を与えられ、知性によってよりいっそう方向づけられるようになっても、生来の才能は少しも改善されないであろうが、しかし万人の知性が作用する水準は上昇するであろう。この水準の高さが、公的関心事の判断に関しては個々の知性における差異よりもはるかに重要なのである。サンタヤナは次のように述べている。「よりよい制度がわれわれの生活に行き渡ることができれば、よりよい秩序がわれわれの思考の中に確立されるであろう。人類が未開状態と迷信的慣習への退歩をくり返してきたのは、鋭い感覚とか、個人的資質とか、外部の世界における不変の秩序とかが欠如していたからではなかった。それはよい性格と、よい模範と、よい政治とが欠如していたためだったのである」。知性は個人的資質ないし個人的才能だという観念は、富は商業階層の人々が個人的に働いて所有しているものだとすることが商業階層のうぬぼれであるのと同様に、知的階層のうぬぼれなのである。

地域的共同社会生活の必要性

最後にわれわれの関心をひく問題は、知的方法の領域を超えて、社会条件の実践的再形成の問題に踏みこんでいる。その最も深く、最も豊かな意味において、共同社会は常に面識的な相互交流の領域に止まらなければならない。これが、家族や隣人が、そのあらゆる欠点にもかかわらず、つねに養育の主要な担い手であったし、また諸々の気質が安定して形成されるための、かつ性格の根本を支配する諸観念が獲得されるための手段であったことの理由なのである。自由で充実した相互伝達《インターコミュニケーション》という意味での「大共同社会」を考えることはできる。しかし、それが地域共同社会を特徴づける特質のすべてを持つことは絶対にありえない。それは、地域的結合関係の間のかかわりを秩序づけ、地域的結合関係の経験を豊かにさせることにその究極的な任務を置くであろう。外部の統御されざる力によって地域的結合関係の生活が侵害されたり、破壊されたりすることは、現代を特徴づけている不安定性、統合の解体、落着きのなさなどの直接の原因になる。無批判にかつ無差別に産業主義と民主主義とのせいだとされている害悪も、よりすぐれた知性からみれば、地域的共同社会の混乱と動揺とに帰せられうるかもしれない。生き生きとした完全な愛着は、必然的に範囲の限定された相互交流にみられる親密さの中でのみ育まれるのである。

地域的共同社会が静態的になることなしに安定したり、たんなる移り気に終わることなしに進歩的であったりすることは可能であろうか。地域的規模を超えた結合関係の広範で、無数で、かつ複雑な潮流が、それらを潜在的な伝播者とする質量ともに豊かな意味を、相互に直接接触しあっている人々から成る、より小さな集合体に注ぎこむようにせきとめられ、導かれることは可能であろうか。より劣弱な共同組織の実体を回復し、それらの構成員に地域的共同社会生活の感覚を理解させ、かつ浸透させることは可能であろうか。現在少なくとも理論においては、地域的組織の原則を離れて「機能的」すなわち職業的組織の原則に向かおうとする傾向がある。地域的結合関係のより古い形態が現在の必要を満たしていないことは確かに事実である。産業と呼ばれるものにおいてであれ、職業と呼ばれるものにおいてであれ、共通の作業に参加することによって形成されるきずなが、今日ではかつて所有したことのなかった力を持っていることも事実である。しかし、こうしたきずなは、それらが直接的な相互交流と愛着とから生ずる場合にのみ、柔軟で流動的でありながら、同時に永続的で安定した組織に役だつことが期待されうる。その理論が遠隔の間接的結合関係に依存している限りは、それは実行に移されたとしても、やがて変形された形での現状の困難と害悪とに直面することであろう。緊密かつ直接的な相互交流と愛着との生気と深さとに代わるものは存在しないのである。

回復の問題

世界平和のためには、われわれは外国のひとびとを理解することが必要だといわれており、それはまた事実である。だが、われわれは自分の隣家に住む隣人たちをどの程度まで十分に理解しているのであろうか。もし人が面識のある自分の仲間たちを愛さないならば、見たこともない神を愛することはできないということもいわれてきた。隣人に関する明察力と理解力とを与えてくれる親密な隣人関係の経験が存在しない限り、遠隔の地に住む人に対する関心を有効なものにするための機会が、より適切なものになるとは思われない。

生活の日常的な関連の中で出会うことのなかった人間は、讃美、対抗心、奴隷的服従、狂信的党派心、英雄崇拝などを鼓舞することはあるかもしれないが、それらが身近な結合体への愛着から生ずる場合を別とすれば、愛情や理解力を鼓舞することはないのである。民主主義は本拠地《ホーム》で始められなければならないのであり、その本拠地《ホーム》は隣人たちからなる共同社会に他ならない。

面識的共同社会の再建についての見通しを吟味することは、ここでの論議の範囲外のことである。しかし、確立した諸関係に向かおうとする人間性それ自体の内部には、測り知れなく深い何ものかがある。安定性に赴く慣性と傾向とは情緒と欲求とに属するものであり、同時に集団と分子とに属するものでもある。満足と平和とに満ちた幸福は、他のひとびととの永続的なきずなの中にのみ発見されるものであり、こうしたきずなは意識的経験の表面の下部にもぐり、その不動の基礎を形成するような深さにまで達する。生活の浅薄な興奮や、移動熱や、いらだちやすい不満や、人工的刺戟への要求などのどれだけが、人々を経験に直接根ざした共同社会に結びつけていた紐帯の弛緩によってもたらされた空白を満たす何ものかを求めようとする気違いじみた努力の現われなのかは誰も知らない。もし人間の心理の中に評価に値するものがあるとすれば、人間が永続的な満足を与えてくれない疎遠な事柄を間断なく追求することに飽き飽きした時には、人間の精神は平静と秩序とを求めてそれ自体の内部に還帰するものだと主張してもよいであろう。もう一度くり返すならば、こうしたことは、密接な共同社会にしか現われない、生気に満ち、着実で、深遠な人間関係の中にのみ見出されうるのである。

しかし、その心理的傾向は、それが事態の客観的針路と調和のとれた協働関係にある場合にのみ現われうるものである。分析的研究によって、エネルギーの分散と運動の加速化とから時勢がそらされるかどうかを発見しようと試みるならば、それは手に負えない荒海におちこむようなことになろう。もとより物理的外面的には、状況は集中化の方向へ進んできた。農村地帯を犠牲にしての都市人口の増大、蓄積された富の法人的組織化、あらゆる種類の組織化の進展などはその十分な証拠である。しかし巨大な組織は、地域的共同社会を形成するきずなの破壊と、安定性に有害な流動性を伴う人間的結合の非人間的紐帯による代位とに対応する。われわれの都市と組織された企業との性格、個性の喪失をもたらした広範な結合関係の性質もまたこうした事実を証明してくれる。だが、反対の徴候もある。「共同社会」と共同社会的活動とは魅力に富んだことばになりつつある。地域的なものは究極の普遍的なるものであり、ほとんど絶対的な存在である。熟慮された計画と意識されざる諸力とが、地域共同社会の経験を豊かにする方向に進んでおり、それらが地域共同社会を、その構成員にとって注意と関心と献身との真の中心とするのに貢献するであろうということを示す多数の徴候を指摘するのは容易なことである。

回復に役だつ傾向

答えられていない問題は、こうした傾向が家族、教会、隣人関係の解体によって放置されている空白をどの程度まで回復するかということである。われわれは結果を予言することはできない。しかしわれわれは、斉一的画一化、流動性、間接的で不可視的な人間関係をもたらした諸力の中には、諸々の影響を人類のローカルな本拠地へと還帰させる運動にとって致命的な障害となる何ら本質的なものは存在しないと、確信をもって主張することができる。斉一性と画一化とは、個々人の潜在的可能性の多元化と解放との根本的な基礎を用意するかもしれない。生活の機械的側面において当然のこととするならば、斉一性と画一化とは無意識的な習熟の水準にまで下降して、個人的感受性と才能とが豊かにかつ安定的に開花すべき土壌を沈積させるかもしれない。流動性は帰するところ、遠隔的で間接的な相互作用と相互依存とが獲得したものを地域的生活に逆流させ、その柔軟性を保ち、過去における安定性に伴っていた停滞性を阻み、さらに地域的生活に変化に富んだ多様な経験の諸要素を供給するための手段を準備するかもしれない。組織はそれ自体で目的とみなされることがなくなるかもしれない。その時には、それはもはや機械的で外面的なものではなくなるであろうし、芸術的才能の自由な展開を阻んだり、男女を信従の鎖で束縛したり、自己完結的な事物としての組織の自働的運動に適合しないすべてのものを退かせることに寄与したりすることもなくなるであろう。組織を目的に対する手段としてみれば、組織は、個性を強化するであろうし、また何らかの助力なしには到達しえないところにある資源を個性に与えることによって個性が確実に個性自身となるのを可能にするであろう。

将来何が起こるにせよ、ある一つのことは確かである。地域的共同生活が回復されえない限り、公衆はその最も緊急な課題、すなわち自分自身を発見し確認するという課題を適切に解決することができないのである。しかし、もしそれが再建されるならば、それは、過去における隣接的結合関係には知られていなかった意味と福利とを所有し享受するという豊かさと多様性と自由とを現わすであろう。なぜならば、それは、それがまきこまれている複雑な世界的規模の舞台に対応しつつ、安定的でありながら同時に活気に満ちた柔軟なものとなるであろうから。それは地域的でありながら孤立してはいないであろう。そのより巨大な諸関係は、参考とされるべきもろもろの意味の汲みつくせども溢れ出る源泉を提供するであろうし、そこで引き出されたものが尊重されるであろうことは確かである。領域国家と政治的境界線は存続するであろうが、しかしそれは人間を彼の仲間から切り離すことによって、体験を貧しくさせる障壁にはならないであろう。それは外面的分離を内面的嫉妬、恐怖、疑惑、敵意などに変えてしまう厳重な分割ではなくなるであろう。競争は続くであろうが、しかしそれが物質的財貨の獲得をめぐっての競争であることはますます少なくなり、知的および芸術的富の享受によって高められた鑑識力をもって、直接体験を豊かにするために地域的集団を競争させることが多くなるであろう。もしテクノロジィの時代が物質的安定の確固たる一般的基盤を人類に提供しうるならば、それは人間的時代に吸収されるであろう。それは体験を共有し伝達する手段としての役割を引き受けるであろう。しかし、機械時代を通過しない限りは、自由で柔軟性に富みかつ多彩な生活の前提として必要とされる事柄の人類による把握は、きわめて不確実で不公正なものとなり、その結果、獲得競争の叫び声と刺戟や誇示を目的とする獲得の成果の濫用とが永続することになるであろう。

この課題と政治的知性に関する問題との関係

われわれがすでに述べてきたように、民主的共同社会と明確な民主的公衆とを生み出すための、こうした特殊な条件についての考察は、われわれを知的方法の問題からさらに実行上の手続きの問題におもむかせる。しかし、二つの問題は無関係ではない。広く普及し将来発展する可能性の高い知性を確保するという課題は、地域の共同生活が現実化される度合いに応じてのみ解決されうる。サインとシンボル、すなわち言語は、友愛的に共有された体験の到来を告げかつ維持するコミュニケーションの手段である。しかし、直接的交流に際しての会話でやり取りされる言語は、書かれた言語の固定され凍結されたことばには欠けている生き生きとした意味を持っている。結合関係に影響を与えるあらゆる諸条件を体系的かつ継続的に探究し、それを印刷して普及させることは、真の公衆を創造するための前提ではある。しかし、その探究もその成果も結局は道具にすぎない。その終局的具体化は、直接的なギブ・アンド・テークによる面識的関係において達成されるのである。論理は、その発展において論理ということばの原始的な意味、すなわち対語《ダイアローグ》へと立ち返る。伝達もされず、共有もされず、表現において再生もされない思想は独白にすぎない。そして、独白は半端で不完全な思考にすぎない。それは、物質的富の獲得の場合と同様に、共同の努力と交換とによって創り出された富を私的な目的に流用することを意味する。それはより上品なことであり、より高貴なことと呼ばれてもいる。しかし、本質的には何の差異もないことなのである。

一言でつくせば、共同社会の累積され伝達された知的資源による、個人の理解と判断との拡大強化は、大衆の無知と偏見と浮薄とにもとづいてなされている民主主義への告発を無効にするが、それは、地域共同社会における直接的交流の関係においてのみ達成されうるのである。耳と生き生きとした外向的思考や情緒との関係は、目とこれらのものとの関係よりもはるかに密接で多様性に富んでいる。視覚は傍観者であり、聴覚は当事者である。出版は部分的であり、そこから生ずる公衆は、出版によって提供された意味が口から口へと伝えられるまでは、部分的に情報を与えられ《インフォーム》、形成される《フォーム》にすぎない。個人的には有限な知的才能も、知性が地域的共同社会のコミュニケーションにおいて、ある人から他の人へと話しことばによって環流する時には、社会的知性の流れから発するものとなり、その自由な拡大と確立には何らの限界も存在しないのである。それが、そしてそれのみが世論《パブリック・オピニオン》に現実性を付与する。エマソンが述べたように、われわれは無限の知性のふところにいだかれている。しかし、知性が地域的共同社会をその媒体として所有するに至るまでは、知性は潜在的なものにとどまり、その伝達も中途半端で、不明確で、かつ弱々しいものにとどまるのである。

訳者あとがき

本書は、John Dewey, *The Public and its Problems*, 1927 の全訳である。ジョン・デューイ（一八五九—一九五二）は、プラグマティズムの代表的思想家として広く知られており、わが国においても彼のおもな著作のほとんどすべてがすでに何らかの形で紹介されてきたといってよいであろう。彼は教育学、哲学を中心に広い分野にわたって多くの業績を残したが、政治に関する分野でも *Individualism, Old and New*, 1930 や *Liberalism and Social Action*, 1935（いずれも邦訳が『世界大思想全集』久野収編「哲学・文芸思想篇19」一九六〇年、河出書房新社、に収められている）などのすぐれた論文を著わしている。ここに訳出した *The Public and its Problems* もまた彼の政治論に属するものであり、同時に彼の政治理論の中心をなすものであろう。以下、彼の政治理論の意義と背景とについて素描を試み本書の解説に代えたい。

大恐慌に発する混乱がたかまりつつあった一九三〇年に、デューイは時代の新しい潮流に目を注ぎつつ、*Individualism, Old and New* という論文を著わした。デューイによれば、法人組織に代表される「集合化」は今や現代社会の普遍的傾向になった。しかも、それは人々の生活のあらゆる局面に深刻な影響を及ぼしている。しかし、他方において政治的・社会的諸制度や諸観念は依然として古い個人主義の原則にもとづいており、人々のあらゆる活動は多かれ少なかれ社会的、集合的な結果を伴うにもかかわらず、こうした諸制度や諸観念の上ではあらゆる人間活動があたかも個人的な動機だけから生じ、個人的な結果のみをもたらすかのごとく考えられている。現代社会の混乱と危機の根源はここにある。それゆえに、危機を克服するためには、まずこうした原則と事実との乖離を認識して、原則を現実の動向に一致させなければならない。しかし、それは個人主義を放棄することではない。個人主義はアメリカの精神的伝統である。それを放棄することは角を矯《た》めて牛を殺すの愚を犯すことになろう。古い個人主義が混乱の根源になったのは、それが貨幣文化によって歪曲されたためである。有罪の責を負うべきは、こうした個人主義であって、個人主義それ自体ではない。むしろ、個人主義を貨幣文化の諸前提から解放することは、危機を克服するための第一歩となるであろう。個性の喪失は機械文明の結果でも、科学の普及の影響によるものでもなく、「かつては個人をとらえ、かれらに支持と方向と人生観の統一とを与えていた忠誠心がほとんど消滅した」ことの結果なのである。なぜならば、個性の安定は忠誠心を固くつなぎとめる安定した対象に依存するからである。統合された個性は社会の諸関係が明確で、社会的諸機能が公認されている場合にのみ存在する。こうした基準からみる限り、現代社会においては政治的・経済的指導者でさえ統合された個性を持っているとはいえない。「彼らの報酬は彼らの行なったこと、すなわち彼らの社会的な職務や機能には見出されずに、社会的諸結果を私的利潤に歪めたところに見出されている」からである。したがって、個性を回復させるためには、現代の社会的諸関係や諸機能を形成するに至った社会的諸力を明らかにし、われわれの思考や欲望の枠組みをこうした社会的諸力に一致させる必要がある。こうした観点からすれば、われわれの個性の回復を妨げているものは、なによりもまず現代の社会的諸力、すなわち科学技術と工業化とに対する無理解である。それらが、本来社会的な共有財産としての性格を持つにもかかわらず、古い個人主義の伝統にもとづいて私的利得の獲得のためにのみ歪曲されて使用されているところに、混乱の基本的な原因がある。それゆえ、科学を社会的な目的のために用いることこそ、あるいは「自然の物理的諸力を支配した科学と工業技術とのあらゆる資力を統御しつつ、使用すること」こそ、新しい個人主義の基本的前提でなければならない。

こうしたデューイの見解は、少なくとも問題提起についてみる限り、今日なおその妥当性を失ってはいない。それは彼のすぐれた洞察力の成果であり、また彼の観察の対象であったアメリカ文明の先駆的性格によるものであろう。デューイによってアメリカ文明の特質とされた非人格性（impersonality）、あるいはその具体的側面としての量化（quantification）、機械化（mechanization）、画一化（standardization）は、今日では程度の差こそあれほとんどすべての先進国において看取されるところである。空間的現象としての「アメリカ文明」は、時間的現象としての「大衆文明」に変容されて全世界に普遍化したともいいうる。それゆえ、個性の喪失あるいは個人主義の衰退も今日では普遍的な現象になったということができるであろう。

　さらに、*Individualism, Old and New* が一九三〇年に出版されていることは、自由競争を基軸とする近代「市民社会」の自己統合能力＝自然調和の擬制に対する信頼を決定的に破産させた大恐慌を背景にしているという点で、きわめて象徴的な意義を有する。すなわち、それは近代国家の統合能力の前提であった「市民社会」の自律性と個人主義とが、いずれも致命的打撃を蒙ったことを象徴的に示しているのである。かくて、いわゆる「大衆社会《マス・ソサイティ》」への移行は動かし難い事実となり、「市民社会」の自律性を基礎として成立してきた公・私両領域の関係についてのイメージも大きく動揺せざるをえない。すなわち、「大衆社会」は一方において顕著な平準化（leveling）の進行により、個人の異質性の承認＝個人主義の上に築かれてきた私的領域の喪失をもたらし、他方において生産力の飛躍的発展とそれに伴う大量伝達手段《マス・メディア》の異常な発達とにより公的領域の圧倒的拡大をもたらした。その結果、近代国家において公・私両領域の峻別を可能にしてきた基盤が失われてしまったのである。こうした変化は当然に社会の統合形態に深刻な変化を与えずにはおかないであろう。

　しかも、社会の統合形態の変化を促す要因は、政治の領域自体にも生じた。近代国家はしばしば平等の理念を明示しながらも、政治参与の範囲を自律的個人＝「市民」に限定してきた。これは、一方で国家権力によって保護されるべき個人の権利が事実上は財産権に限定されていたため、政治参与の権利を有産者に限定する必要があったことによるが、他方で政治参与に不可欠な政治的リアリズムを確保するには、自律的判断を下しうる独立の個人にのみ政治参与の範囲を限定する必要があったことにもよるのである。それゆえ、近代国家が「市民社会」の自己統合能力を前提にしていたのとパラレルに、近代国家における政治的能動者は何よりもまず「市民」でなければならなかった。制限選挙権はこうした限定を象徴的に示すものであった。しかし、選挙権が拡大されて普通選挙権が確立されるとともに、こうした前提は無意味となる。今や「市民」に代わって「大衆」が政治の領域に出現したのである。

　では、社会の統合形態はいかなる変化をとげたのか。一言にしていえば、統合における共同関心《コモン・インタレスト》が秩序から福祉に転換したのである。近代「市民社会」においては、社会の秩序と安定とがそれ自体統合の目的として意識されていた。個別的福祉は個々の「市民」が各自の努力と責任とにおいて追求すべきものであり、政治の関与すべき事柄ではなかった。政治が関与すべきは共同福祉であり、それは具体的には社会の秩序と安定以外の何ものでもなかったのである。こうした原則が現実に可能であったのは、「市民社会」の相対的自立性と、「市民」への政治参与の限定が存在していたことによるものであることはすでに明らかであろう。しかるに、多数の無産者を含む「大衆」に政治参与の範囲を拡大する場合には、こうした原則はもはや有効性を持ちえない。現代社会の成員にとっては、個別的福祉の実現こそ国家に期待される共同の関心事である。加えて、「市民社会」の自立性はすでに失われており、国家の最大限の介入なしには、社会に内在するアナーキーへの傾向を抑制しえない。かくて、現代国家は社会のあらゆる領域に介入しつつ、各成員の個別的福祉の実現に力をかすことによってのみ、社会の秩序と安定とを保ちうることになる。現代国家は社会の統合というその本来の目的のためにも、福祉国家に移行することを余儀なくされているといえるであろう。

このような統合形態の決定的転換は、公共の概念ないし公・私両領域の関連づけに対していかなる作用を及ぼしたであろうか。この疑問に対して、きわめて興味ある解答を与えてくれるのが、ここに訳出されたデューイの *The Public and its Problems* であろう。では、この著作の中でデューイはいかなる解答を与えているであろうか。

デューイはまず従来試みられてきたような「仮説的な原因」からではなくて、遂行された行為そのものから出発しながらその影響を考察すべきだとして、観測可能な対象から出発することを提案する。彼がこうした客観的事実として提示するのは、「人間の行為は他人に諸結果（consequences）を及ぼすものであり、これらの結果のあるものは知覚され、かつそれらの知覚に伴って、ある結果を確保し、他の諸結果を避けるために行動を規制する努力が生ずるという事実」である。ところで、この諸結果には二つの種類がある。すなわち、その結果が行為の当事者に限定される場合と、直接の当事者を超えて第三者に影響を及ぼす場合とである。この区別の中に、私的なもの（the private）と公的なもの（the public）との区別の萌芽が存在するのである。そして、この後者の場合、すなわち「間接的な諸結果が認識され、それらを規制しようという努力が存在する時、国家（a state）の特色をそなえたあるなにものかが存在する」ことになる。

このような意味での公的なものと私的なものとの区別は、社会的と個人的という区別とはまったく異なったものである。なぜならば、社会的は質の規定であり、公的は量の規定だからである。すなわち、「広い意味においては、二人、あるいはそれ以上の人たちの間で意識的に営まれるトランザクションは、その質においては社会的であ」り、また「私的な行為であっても、間接的な結果と直接的な意図との双方において、社会的に価値あるものとなりうるのである」。公的なものと私的なものを分かつのは、ただ「大きさと拡がり（extent and scope）」という量的規定だけなのである。

ところで、「公衆（the public）とは、トランザクションの間接的な諸結果によって、それについての組織的な配慮が必要だとみなされる程度にまで影響を受ける人々の総体から成り立っている。公職者とは、このような影響を蒙る諸利益をみつけ出し、それらに注意を払う人々のことである。間接的な影響を蒙る人たちは、問題になっているトランザクションの直接の参加者ではないから、公衆を代表し、彼らの利益を保ち、保護するために、特定の人々が選び出されていることが必要なのである」。公衆が「公職者」、「政府」を通じて組織される時、「国家」となる。したがって、国家を純粋形式的に定義するならば、「その構成員によって共有されている利益の保護に任ずべき公職者を通じて作り出された、公衆の組織である」といえよう。それゆえに、公職者の関与すべきは共通の利益（common interests）であるとしても、それは個々の利益に先行するものではなく、むしろ個々の悪しき結果の認識があってはじめて保護の対象として共通の利益が生ずることになるのである。

政治行動の事実と国家理論との間にみられる矛盾もここから説明されるであろう。国家理論がこれまで国家の性質を政治行動の背景にある個々の行為者によって説明しようとしてきたところに誤謬の原因がある。なるほど、熟慮された計画や選択は究極的には単一の人間の作用である。しかし、こうした事実によって国家の性質を説明しつくそうとするところに誤謬がある。なぜならば、他のあらゆる現象におけると同様に、人間の行動も決して孤立したままで観察されうるものではないからである。それは常に他と関係(association)を有するものとしてのみ観察されうる。いいかえれば、個人が実在であると同様に、関係もまた実在するのであり(パースにおけるスコラ的実在論を想起せよ)、国家についての理論はむしろこの関係から出発すべきなのである。「ひとつの国家としての公衆の特徴は、あらゆる態様の協働的な行動(associated behavior)が、それに直接従事するものを超えた第三者を含むような広範で永続的な結果を生ずるという事実から生まれてくる」。しかし、個人と関係とはいずれも実在であるとしても、公衆は仮説であり、時空の多様な条件に応じて具体化されるべき実験的課題に他ならない。

ついで、デューイはこうした前提に立って「民主主義」とは何かという問いに答えようとする。すでに述べたように、政府とは端的に組織された公職であるが、公職者もまた通常の人間性を有することが当然の前提であるがゆえに、公職者は二重の能力、すなわち公的なそれと私的なそれとを持つことになる。ここに政府に関する重大な問題が潜んでいる。公職者あるいは統治者は、しばしば公衆のために保持している彼らの権力をみずからの私的な目的のために使用してきたが、その要因のひとつは、本来公職者あるいは統治者にふさわしい適性を持たない人が、その地位についてきたことにある。それゆえに、公衆の諸利益が公正に保護されるためには、公職者の選任がそれにふさわしい方法で行なわれなければならない。ここに政治的「民主主義」の存在意義がある。デューイによれば、政治的「民主主義」の目的は、第一に偶発的で不適切な要因により支配の所有を広範囲に決定している諸力に対抗することであり、第二に公的な目的の代わりに私的な目的のため政治権力を用いようとする傾向に対抗することである。

しかし、政治的「民主主義」は、こうした存在理由を持っていたにもかかわらず、これまでのところ理論的にもまた事実的にも有効性を持ちえなかった。それはまず、「民主主義」に関する理論が個人主義的な観念によって組みたてられており、その風潮が一般にも受け容れられてきたからである。こうした理論はそれが成立した時点においてすでに事実と矛盾するものであったが、時が移り、集団の時代となるに及んでその矛盾は一層顕著なものとなるに至った。さらに、政治的「民主主義」は制度面においては民主的政府の組織、普通選挙および多数決原理による行政官ないし立法府議員の選任などとして具体化されたけれども、同時にその具体化を可能にした諸力——単純化すればテクノロジィの発達——が、「包括的で友愛的に結合した公衆の真の道具としての政府の有用性を要求する社会的・人間的な理想を廃絶する諸条件をも作り出した」ことを忘れてはならない。

こうした諸条件とは、「大社会《グレート・ソサイティ》」形成の衝撃による親密な（face to face）共同社会《コミュニティ》および地域共同社会《ローカル・コミュニティ》の解体である。その政治的結果が公衆の喪失に他ならない。デューイはいう。

機械時代は間接的諸結果の及ぶ範囲をいちじるしく拡大し、多様化し、激化し、かつ複雑化したために、また行動における巨大で統合された結合を共同社会の基礎よりはむしろ非人格的な基礎の上に形成したために、結果として生じた公衆は自己を確認し、識別しえないでいる。

この公衆の喪失を証明する最も顕著な現象は、選挙における大量棄権現象に象徴される政治的無関心である。デューイによれば、政治的無関心は何よりもまず政治それ自体に内在する要因（政治の規模の拡大化とその内容の複雑化）により説明されうるが、同時にそれを促進する外的諸条件が増大していることも見逃されえない。すなわち、第一に「大社会」における社会的分業と専門化の進展に伴って、統治の責任を自覚した固有な意味での支配階級が消滅し、さらに人間の「専門人化」「部分人化」の傾向に伴って、政治が「他人の仕事」になる傾向が生じたことである。第二には、消費文化の果たす役割の増大であり、第三には、社会の流動性の激化である。公衆の存在に不可欠な成員相互の結びつき(attachment)は、静穏で安定した状況と恒常的な関係においてのみ育まれるものであるから、こうした状況ないし関係を刺戟し、激化するもの、すなわち加速化された社会の流動性は、公衆の存在条件を根底から破壊してしまうのである。

かくて「「大社会《グレート・ソサイティ》」が「大共同社会《グレート・コミュニティ》」に転換されるまでは、「公衆」は失われたままに止まるであろう」。だが一方においては、その転換を可能にする手段、すなわち大量伝達《マス・コミュニケーション》の手段をわれわれは保持しているのであり、それによって、すなわち記号《サイン》と象徴《シンボル》とを媒介として、共有経験(shared experience)を持つ大共同社会を築くことも決して不可能ではないのである。

ただ、デューイはその可能性を探るに際して「民主主義」の危機は、その量的拡大(more democracy)によっては避けえないことを強調する。すなわち、「もっと民主主義《モア・デモクラシー》を」の要求が機構内部でのそれに止まる限り、それは有効性を持ちえないとされる。機構とか政治上の慣習とかは、それに先行する時代の慣習や法との間の緊張を最小にしようとする意図を有するものであって、「民主主義」的理想を前進させるためのものではないからである。現在の民主主義機構にとって必要な変化は、「公衆の利益を統治活動のより優越的な指標ないし基準とするような、さらには公衆にその目的をよりいっそうの権威をもって形成させ表明させることを可能にするような種類のもの」でなければならない。そのためには、政治的な「民主主義」ではなくて、社会的・一般的な意味での民主主義の観念から出発しなければならない。この「民主主義」の観念は、「個人の立場からは、彼の属する集団の活動を形成し方向づけるに際して、彼の能力に応じて責任ある参加を行なうこと、および彼の必要に応じて集団の維持する価値の分配にあずかることのうちにある。集団の立場からは、それは共通の利益と善との調和を保ちつつ、集団の成員の潜在能力の解放を要求する」ものである。

こうした観点からすれば、「共同社会的生活（communal life）の明確な意識は、そのあらゆる関係において民主主義の観念を構成する」。したがって、「民主主義」の再建は共同社会の再建に他ならぬ。しかし、地域社会が崩壊した以上、その方策は唯一つ、大社会を大共同社会に転換することのみである。それはいかにして達成されうるか。もし人々の共同活動が共同社会を創り出すのだとすれば、経済的・社会的領域に顕著にみられる集団化・集合化の傾向は大共同社会の可能性を示唆するものであろう。「しかし、集団的行動が量的に累積されるだけでは、共同社会は構成されない」。社会が社会たりうるためには、コミュニケーションが必須要件として要求される。すなわち、コミュニケーションの手段として記号と象徴とが導入されるに及んではじめて、「たえまない変化が外部から観察され、考慮と評価のために定着され、かつその規制が可能になるので」あり、したがって「回想と予見とが可能になる」。こうして、欲求と選択とが象徴を媒介にして伝達可能となり、あらゆる当事者に共有されることが可能になった時、「エネルギーの秩序を意味の秩序へと変える」共同社会が成立するのである。かくてすでに明らかであるが、大社会の大共同社会への転換の可能性は、マス・コミュニケーションが非人格的で機械的な大社会を共有経験を軸として成立する大共同社会へと成熟させるための媒体になりうるか否かにかかっているのである。

デューイの論旨が以上のごとくであるとするならば、ここにおける公共性の特質は次のように考えられるであろう。すなわち、まず第一に公的領域と私的領域とが連続的に理解されていることである。両者の間に明確な一線を劃《かく》することはいちじるしく困難である。こうした発想によると、たとえばわれわれが家族の間で何ごとかを話す時に、それが話し手と聞き手以外の第三の家族成員に重大な影響を及ぼすとすれば、その行為は公的なものとみなされることになるであろう。この場合には、家族全体が公衆の位置を占める。ただ、町全体とか国家全体とかを基準にとれば、第三者に及ぼされる影響は無に等しいから、こうした行為は私的領域に属するとされるのである。このような発想はわれわれの日常生活においては必ずしも新奇なことではない。われわれは私企業に勤務する場合でも、その企業内における行動を公的なものと考え、それに対して家庭内での生活を私的なものと考えるのが普通になっている。デューイの公・私両領域の区別は、いわばこうした日常的発想を概念化したものといってよく、その限りではもとより妥当な論理である。

問題はただ、企業－家庭という関係と、国家－個人という関係とを同質なもの、あるいは同一水準にあるものとみなすことが妥当か否かにある。西欧的近代国家の発想においては両者は明確に区別されてきた。近代国家は国民社会の水準においては、全公共性を独占するものと考えられている。ここでは、公的領域は国民社会の全成員に対して普遍的に妥当するものでなければならず、そのためいっさいの私的領域を超越することが要請されるのであり、そしてこうした要請を具体化しうる主体は国民国家以外にありえないからである。国民国家に対してこうした特権が認められるのは、それが社会の秩序と安定とを形成する主体だからであるが、企業の原理は能率であり利潤獲得であって、それが国家と原理的に異なるものである以上、同一の原理が適用されるべきではないとされるのである。国民社会でさえも、それが「市民社会」とみなされる場合には、「欲望の体系」以外の何ものでもない。しかし、デューイの見解からすれば、家族内に成立する公共性も国家の水準で成立する公共性もその本質は同一だとされる。そこに大きな転換がみられることは明らかであろう。

第二に、公的な事柄と私的な事柄との差異を質的区別の上にではなく、量的区別の上に置いたことである。デューイは再三にわたって、公的なものと私的なものとの区別はトランザクションが及ぼす影響の大きさと範囲とにあると述べて、それが量的規定であることを明らかにし、質的側面は社会的および個人的という区別によって示されるとしている。もっとも、デューイは社会的および個人的という区別についても懐疑的であり、せいぜい一般的徴標として以上の意味を認めてはいない。このように公的な事柄と私的な事柄との差異を量的な差異に還元することは、両者の連続性を認める以上当然の帰結だといってよい。しかし、この規定の意味するところは、第一のそれに劣らず重要である。西欧的近代国家においては、公・私両領域がきびしく区分された結果、公権力の制限が可能となった。国家権力は公的な領域にのみかかわるものであり、私的領域には及びえないとされるからである。すなわち、「国家は真理とか道徳とかの内容的価値に関して中立的立場をとり、そうした価値の選択と判断はもっぱら他の社会的集団（例えば教会）ないし個人の良心に委ね、国家主権の基礎をば、かかる内容的価値から捨象された純粋に形式的な法機構の上に置いている」（丸山眞男『現代政治の思想と行動』上巻、九ページ、一九五六年、未來社）のであり、私的領域における自主性ないし自治の原則は近代国家の必然的帰結とされている。

こうした私的領域の自立ないし権力からの自由が可能なためには、両領域が明確に区別されていることが必要とされることは明らかであろう。その区分を示す具体的基準は必ずしも一様ではないけれども、ホッブズからルソーに至る近代自然法思想においては、不可譲な自然権と譲渡可能な自然権という形で明確な一線が劃されていたのである。

デューイの場合でも、トランザクションの結果が及ぶところという規定によって、たとえば内面の問題が公的領域から除外されていることは明らかである。しかし、こうした事柄も、それが純粋に個々人の内面に止まらず、外面的な結果を伴うに至る時には、容易に公的なものに転化する可能性がある。たとえば、いかなる宗教を信ずるかはトランザクションでさえないから、公的規制の対象になることはないとしても、自己の信ずる宗教について他の人々の前で説教をすることになれば、それは直ちに公的な事柄へと転化するのである。それゆえ、デューイのごとく、公・私両領域の区分を純粋に量の規定へと還元することは、近代国家的発想によれば本来的に私的領域に属する事柄へも、無制限に公権力が流入するのを承認することになるといえる。さらにまた、公・私両領域の区別が量的差異によるものとする理論ないし仮説は、いかなる形態の国家にも適用されうる。もしこの区分が何らかの原理により媒介されたものであるならば、それは当の原理が承認する形態の国家にしか適用されえない。しかし、デューイの場合には、両者の区分は量的差異の上に置かれるのであるから、ほとんど無差別にいかなる形態の国家にも適用されうるのであって、それこそまさにデューイが彼の仮説の弾力性として、形而上学的国家概念の硬直性に対し、その有効性の例証としているものなのである。この傾向は彼の「民主主義」の理論にも特殊な性格を付与する。彼にあっては「民主主義」もたんなる政治の原理ではない。むしろ、政治の原理も含めたいっそう広範な社会的理想である。政治上の「民主主義」は、社会のあらゆる集団において「民主化」が遂行された時に、その結果として達成されるべきものである。この点でも、彼の発想は「民主主義」の原理を主として政治上の原理と考える近代国家の発想とは性質を異にするものであろう。

第三に、デューイにおいては、公共性の判定者が公衆として函数的に設定されていることである。ここでは、公衆は状況に応じて多元的に設定されるのであって、西欧的近代国家におけるように一義的・絶対的意義を持つことはありえない。西欧的発想においては、まず前提に個々人の異質性が存在する。そして、個々人の異質性を承認することによって、私的領域での個々人の自治が承認される。公的領域は、私的個人の異質性を前提としながら、何らかの擬制の媒介によってそれら私的個人相互間に創出された同質的側面の上に基礎づけられなければならぬのである。自然状態における個々人の平等性(すなわち同質的側面)から出発し、社会契約を媒介として国家ないし社会の成立を弁証する社会契約論はまさにこうした要請に応ずるものであろう。公的領域はこの社会契約に際して譲渡しうる自然権に関連する領域としてその外延を決定され、さらにそれ以後は社会契約により相互服従を誓約した人民の多数決によって定められた法に基づいて具体的にその内包を決定される。この法が異質な諸個人にひとしく妥当するためには、それが私的領域から抽象化され超越化されていなければならないことはいうまでもない。こうして、近代的法治主義の原則ないし法の支配の原則は、すぐれて近代的な公共の観念を体現したものとみなすことができよう。

デューイはこうした近代国家における法の観念に対しても批判の目を向けている。デューイによれば、法の制定とは、「公衆自身があらゆる結果を見通し判断することは不可能であるから、諸行為が定められた限界内に留められ、そのかぎりにおいて適当に予測しうる諸結果が生ずるように、ある種の堤防と水路とを築き上げるということなのである」。こうした法は支配者の意思によって生じたものではない。そのような仮定をすれば、支配者の意思を正当化するという困難な問題に直面するだけである。そこで正当化の対象になりうるのは、せいぜい優越的な力以外にありえない。それは、たとえばルソーのように「一般意思」という観念を援用しても同じである。デューイはいう。

……問題になっている意思は、いかなる私的意思ないし私的意思の総和をも超越した何ものか、つまりすべてを支配する「一般意思」のようなものであるということである。この結論はルソーによってひき出され、ドイツ形而上学の影響のもとに神秘的、超越的な絶対意思という教条に組み立てられたのであるが、それは結局のところ、絶対理性と同一視されたという理由によってのみ力の別名ではないというにすぎないのである。

かかる困難な問題を回避する方法はただ一つであり、それは「原因となる根源という理論を放棄して、広く行き渡っている諸結果にもとづいた理論、つまり諸結果が認知された時にはひとつの共通利益が生じ、それに配慮を加えるための特殊な機関が必要とされるという理論を採用することなのである」。この理論によれば、「法的規制とは、実際には、人々が相互に取り決めをなす条件を設定することである」。この種の条件が設定されていなければ、人々はあらゆる可能な結果を見通さなければならなくなり、実際にはいかなる取り決めも不可能になる。「法とは、もしそれがない場合には、ある人間が自分自身の見通しで、しかもその見通しが完全に合理的である場合にしかできないことを、彼に代わって行なう手段である」。ところで、すでに彼の公共性に関する理論からも明らかなように、法は「ある特殊な行為のゆえに制定されたものであるかもしれないが」、もしたんにそれしだけに止まるならば、予測可能性を人々に与えるという機能を果たしえないであろう。したがって、それは必然的に一般化されなければならない。理性が法を創り出すのではないが、法が合理的であるためには、理性は一個の機能として法の中に具現されなければならない。すなわち、「法が合理的であるというのは、自分が望ましいとみなす目的を達成するのに適当な条件を選択し配置するひとが、思慮深いひとであるのと同じである」。それゆえ、法が普遍的であり、個々の事例を超越しているとしても、それは法がかかる機能を有するからであり、またその限りにおいてなのである。

このデューイの法観念において特徴的なことは、特殊な行為が公衆に影響を及ぼした場合にとられる解決の方法がそのまま法の基礎とされているところにある。したがって、ここでは特殊と普遍とが密接に関連しているのであり、しかもその普遍性も超越的であるがゆえに普遍的なのではなく、多数の特殊な事例に内在しているがゆえに普遍的なのである。したがってまた、ここでも国家の法と私的集団内部の諸規則とを区別する契機は何ら存在しない。私的な団体、私企業あるいは労働組合の規則もデューイの定義からすれば明らかに法としての要件を具備しており、それらを国家の法から区別することは困難であろう。彼の理論におけるこうした特質は、公衆が状況の函数として多元的に設定されうるものであることによるものであり、また公・私両領域の連続性によるものであることは明らかであろう。

では、こうしたデューイの公共の観念を成立させた要因にはいかなるものが考えられるであろうか。まず第一に、方法論的要因があげられるであろう。デューイの方法は周知のごとくプラグマティズムと呼ばれるものである。一般に、プラグマティズムは、従来の西欧的発想に固有な客観的真理の観念を批判することから出発するが、デュルケームはその論拠とされているものを次のように要約している。

第一に、真理が無人格であるとすれば、それは人間に無縁なものとなり、非人間化され、そしてわれわれの生活の外におかれることになる。第二に、真理が万人にとって同じものであるとすれば、もはやもろもろの精神に差異があることの存在理由が判らなくなるが、しかもその差異性は、一般の生活においてひとつの機能をもっているはずである。第三に、真理がすべてにとって同一であるとすれば、意見の一致が定則となり、異論は悪である。……さらに、……合理主義者たちがそうするように、もし真理が時代や場所によって変ることのないなにものかとして表象されるとすれば、真理とは実在の表現なのであるから、実在もまた永遠に停滞したままの状態にとどまると考えられざるをえない。これに反し、実在が生命的ななにものかであり、またそれは自己を変貌して、たえず新たな自己を生み出してゆくとすれば、真理もまた変化し、生活してゆかなければならない。(『プラグマティズム二〇講』福鎌達夫訳、四八―九ページ、一九六〇年、関書院)

こうした立場から、プラグマティズムは決定的・強制的性格を備えた真理という西欧的・合理主義的観念を拒否する。プラグマティズムにとって、真理の基準とはそれを認識する人に実践的有用性を与えるか否かである。理性とは生活が環境に適応していくための一機能以上のものではない。したがってまた、西欧的発想に固有な主観対客観の二元論も廃棄される。認識する主観と認識される客観との間には融和し難き対立があるのではない。主観と客観とは「純粋経験」の中に主客未分の形で与えられているのである。

こうしたプラグマティズムの真理観は、真理ないし客観を公的領域に、個人ないし主観を私的領域に置き換えれば、そのままデューイにおける公共観にも妥当するであろう。近代社会における公・私両領域の間の関係が西欧的思惟における主観と客観との関係とパラレルであるとするならば、プラグマティズム的真理観とデューイの公共観との対応関係もたんなる偶然的暗合に止まるものではない。デューイにおいても、あらゆる二元論の否定が彼の思想を貫徹している。「あらゆる種類の二元論、ことに理論と実践、知識と意見、目的と手段を分離させる二元論」（J. Nathanson, *John Dewey*, 1951, pp.83-4）こそ、彼が終始攻撃の手を休めなかった対象であった。公的領域と私的領域とを峻別する発想は、政治理論の中に現われた二元論の一形態である。私的個人を超越した公的基準なるものが、デューイにとって同意し難い観念であったのもまた当然であろう。しかも、デューイの場合、二元論の基礎は「貴族的有閑階級が大衆の世界に対して抱く優越感」（*ibid*）以外の何ものでもないとされていたのであるから、二元論は「民主主義」的理想を実現するためには、是が非でも克服されなければならない障害と目されていたのである。

第二に、デューイの理論の背後には、さらに二〇世紀初頭以来顕在化してきた社会形態の変化がある。それは近代社会から「大衆社会」への転換として定式化されているものである。「大衆社会」においては一方においてその極端な平準化の進行に伴って、個々人の異質性の承認の上に成立してきた私的領域の固有性が失われ、他方において生産力の飛躍的発展と大量伝達手段の異常な発達とに伴って公的領域の圧倒的拡大が生じた。近代国家的公・私両領域の関連づけはそれが成立すべき基盤を失ったのである。現代社会においては、公的な事柄と私的な事柄とをその質的差異によって区別することは不可能事に属するであろう。しかしそれにもかかわらず、政治が公的機能を有するものとされる限り、公的領域を何らかの形で私的領域から区別する必要性は依然存続している。しかも、社会形態の変化に対応して立法国家から行政国家への転換が生じ、国家機能の増大とそれに伴う政治のあらゆる生活領域への浸透もまた必至であるとするならば、公的領域はあらゆる領域を包括しうるような形で定義される必要があるであろう。こうした定義はただ公的領域と私的領域とを量的に区別することによってのみ可能であり、これこそまさにデューイの主張したところなのである。同時に、こうした規定は国家の機能を限定することをいささかも含意しておらず、したがってもはや私的領域は理論的にも固有な領域として存立する余地を持たない。デューイは彼自身の国家論について次のように記している。

われわれの多元的形態という理論はひとつの事実の記述である。すなわち、良い、あるいは悪い、さらには善悪とは無関係の多様な社会集団が存在するという事実である。それは国家の行動に固有な限界というものを規定する理論ではない。それは、各集団がそれぞれ固定化された行動範囲を持つのと同じように、国家の機能は国家以外の諸集団の間の争いを解決することに限定されると主張するものではない。もしそれが事実だとすれば、国家はひとつの集団の他の集団に対する侵害を防ぎ、かつ除去するための審判にすぎないであろう。また、われわれの仮説は、国家の活動がどこまで及びうるかという命題については、いかに一般的で包括的なものに対しても中立的である。それは、公的な行為のいかなる特殊な形態をも指し示してはいない。

かくて、デューイの理論が「大衆社会」をその背景に有することは明らかであろう。第三に、デューイの理論の背景には、アメリカ的伝統ないし諸制度があることも無視されえない。たとえば、公的なものと私的なものとを連続的に把《とら》える思考様式は、ある意味ではアメリカ的発想の一形態でもある。アメリカ的発想とは、きわめて単純化された形でいうならば、タウン・ミーティングに起源を持つ直接民主主義的発想に他ならない。初期植民地のタウン・ミーティングにおいては、その歴史的条件（＝身分制の欠如）と自然的条件（＝開拓されるべき荒野の存在）とから、私的利益と公的利益とは無媒介に結合していた。斎藤真はこうした初期アメリカの状況を次のように要約している。

広く一般的にいってヨーロッパにおけるような身分制の欠如、広大にして豊かな自然、従って比較的容易に自営農民たりうる可能性。そして他方、自然の広野における「社会」建設の為には人々の協力が必要とされ、その協力確保の為に、権力への自発的参与の要請。そうした条件の下では、支配的な政治思想の如何に拘らず、人々を「市民」たらしめざるをえない。否、それは自発的参与のみならず、強制的参与をすら必要とする。タウン・ミーティングの出席も義務とされ、総会（植民地議会）への出席も義務とされた。唯後年、植民地の人口が増大し、各人が自ら総会に出席することが事実上困難になった時始めて、代理による投票が認められてくるのである。そこでは、代議制は直接代表制の便宜上の代替物として把握される。……こうして、自然的条件と生存の必要性は、選挙権の相対的広汎性、被選挙職の多様性、選挙の頻繁性、居住要件、時に、代表に対する訓令《インストラクション》制という直接民主政を、「所与のもの」として相対的にいって植民地に普及せしめていった。（斎藤真「民主主義の風土化」岩波講座『現代思想』第六巻、二三五ページ、一九五五年、岩波書店）

こうした状況のもとでは、近代的な公共の観念が成立しえないことは明らかであろう。時間と空間とを捨象して、大胆な推測を下すことが許されるならば、むしろギリシャのポリスに近い形で公的関心が全生活領域を覆っていたといってよい。それゆえ、もしアメリカが初期植民地の状況のままに止まっていたとするならば、ギリシャのごとき公共的思惟が成立しえたと考えることも不可能ではない。現実にアメリカがこうした発展を遂げなかったことには、種々の原因があげられようが、ここではポリス的公共性とアメリカ的公共性との間にみられる決定的差異をあげておくに止めよう。それはギリシャ的公共性が完結性と自立性とをその特質としていたのに対して、アメリカの場合には公的領域が常に各成員の生存と直接関わりあっていたことである。前者においては、公的領域は私的領域から断絶されて市民の政治生活を形成していたが、後者においてはむしろ両領域が無媒介に結合したままで、生活のあらゆる領域に公的関心が浸透していたのである。それゆえ、アメリカの場合には自然の征服度に反比例して、成員相互間の緊密な一体性が減ずるとともに、公・私両領域の無媒介な結合にも分裂が生じ、公的領域は共同社会に、私的領域は各個人へと帰属していく。ギリシャ的・ポリス的公共性が形成されるに至らなかった基本的原因はこうした推移の中に見出されるといってよいであろう。

しかし、こうした推移にもかかわらず、ここには近代国家的な公共の観念もついに形成されえなかった。近代国家的発想は、公・私両領域間の断絶性をその本質としており、両領域の関連はこうした断絶を前提として設定されていた。近代国家において、こうした発想を成立させた歴史的契機が絶対主義であったことはすでに周知のところである。アメリカの場合は、一方においてこの国の歴史が絶対主義の経験を持たず、他方において公・私両領域が無媒介に結合されていたタウン・ミーティングの経験が神話化されたため、公・私両領域は本質的に連続性を有するものとする思考様式が成立することになったのである。

また、近代国家的発想においては、国家による公共性の独占、したがって公的領域の一元性がその特質とされるが、アメリカにおいてはタウン・ミーティングに原型を有する共同社会に公共性が帰せられたために、共同社会の多元性に応じて公的領域も多元化される。しかも、アメリカにおいては、国民国家自体がこうした共同社会の連合体として、すなわち連邦国家として成立したために、公的領域は決して国民国家によって独占されることがなかった。加えて一八三〇年代には、国民国家それ自体が直接民主主義的擬制によって表象されることになり（ジャクソン民主主義）、この傾向はいっそう強固に定着する。こうして、アメリカには公的なものを私的なものの総和とみなす、特殊にアメリカ的発想が形成されたのである。

こうした視角からすれば、デューイの見解の中には、アメリカの伝統的発想がきわめて明瞭に反映しているといってよいであろう。地域共同社会の中に「民主主義」を探ろうとする試み、公衆の多元性、公・私両領域の連続性の主張などは、すべて一面においてはアメリカ的発想の再確認、再把握に他ならぬのである。

このように、デューイの理論の背景には、こうした理論を形成するのに少なからぬ役割を果たしたと考えられる三つの要因、すなわち方法論的要因としてのプラグマティズム、時間的要因としての現代社会、空間的要因としてのアメリカ的風土が存在することが指摘されうるが、しかしさらに単純化していうならば、方法論的要因としてのプラグマティズムも時間的要因としての現代社会も、実はアメリカ的風土に内在していたものの顕在化とみることができるであろう。一般に、アメリカでは普遍的哲学理論や思想体系は決して成熟することがなかったといわれている。そのひとつの要因として、あらゆる私的経験がそれ自体すでに公的な意味を持っており、それをことさらに普遍的な命題に仕上げる必要がなかったということがあげられるであろう。たとえば、ブーアスティンはアメリカ人の抱くさまざまな価値は、アメリカの風土に「特有な地理的・歴史的諸事実」によって与えられたものであり、自動的に最初から定義されたものであったから、「一定の政治理論などはむしろない方がよい」というのが、アメリカ人の信じてきたところであったと主張し、これに「所与性（Civenness）」という名称を与えている（D. J. Boorstin, *The Genius of American Politics*, Chicago, 1953, pp. 8—11）。したがって、そこでは具体的制度に対する信仰が支配的であり、抽象的な理論や思想は決して人々を動かす力となりえなかったのである。こうした状況に破綻が生ずるのは、制度自体に亀裂が生じて人々の私的経験が彼らの信仰してきた制度と両立しえなくなる時である。その典型的なものがポピュリズムの運動である。グレンジャー運動として開始されたこの運動は、自由競争に基づく諸制度を信仰してきた農民が自由競争の必然の帰結である独占の弊害に悩まされ、独占を抑制して自由競争の回復を図ろうとした運動であった。このように、いわば私的存在すらも危うくするような私的経験が生ずるに及んではじめて、それまで人々の行動様式を支配してきた制度信仰が破れ、新たな課題を解決するのに役だちうる理論ないし思想を模索する可能性が生じてくる。あるいは、新たな理論ないし思想が形成されないまでも、従来の伝統を再検討して有効な方策を発見しようとする。ポピュリストたちが自由競争の再生のために、政府の干渉、とくに独占の規制を要求したのは、伝統の再評価の範疇に属するものであろう。また、一八七六年のマン対イリノイ州事件の判決で公・私両領域を峻別すべきことが主張されているのは、従来の伝統を超えて新たな理論を創出しようとする態度に連なるものであったといえよう。

そして同時に、この時点においてはじめてアメリカ最初の土着の思想が自覚されたといえる。すなわち、それがプラグマティズムである。プラグマティズムの成立はもはやアメリカにおいても制度化された行動様式のみでは新しい状況に適応しえなくなり、個々の行動様式それ自体の有効性を問わざるをえなくなったことを示している。もとより、プラグマティズムはたんにアメリカ内的な状況によってのみ成立したのではなく、帝国主義段階における世界的コミュニケーションの成立に伴うドイツ古典哲学の衝撃によって自覚化されたことは無視しえない（たとえば、パースにおけるカント、デューイにおけるヘーゲル）。

それゆえ、プラグマティズムにおいてもすでに近代西欧的思惟様式が何らかの意味で前提とされていることは明らかであろう。しかしそれにもかかわらず、こうした思惟様式が私的経験を公的に主張せざるをえなくなった状況のもとで形成されたことは重要な意味を持つ。いかなる普遍的命題も抽象的観念も、それが個別的・具体的行為に翻訳しえない限り無意味であるとするプラグマティズムの根本的主張はまさにこうした状況に由来するといえよう。また、プラグマティズムにおける真理性の基準である相互主観性(intersubjectivity)という観念も、近代的思惟における客観性という観念に比較してみる時、私的なものがこの思想においていかに重要な意味を有するかをきわめて明瞭に示している。かくてアメリカにおいては、公的領域が決して私的領域を超越しなかったがゆえに、自己の土着性が思想として自覚された時においても、私的な個別経験が常に公的な普遍的原理よりも優位にあったのであり、プラグマティズムがその起源をアメリカ的伝統に負うていることは明らかであろう。

　さらには、時間的要因に関しても、「大衆社会化」の傾向は早くからアメリカに内在していたと考えることができよう。アメリカにおいては、社会と国家とが原初的に一体化されていたタウン・ミーティングに政治的国家の原型が求められていた結果、共同社会はそのまま国家と同一視されていた。あるいは、国家は何よりもまず共同社会(community)

と自同化された共同国家（commonwealth）に他ならなかったのである。そのため、社会が「市民社会」として、政治的国家から相対的に自立した領域として認識されることもなかった。すなわち、アメリカにおいては、「市民社会」自体も自己を完結することができなかった。「市民社会」は、ヘーゲル的にいうならば、「欲望の体系」であり、自己利益を認識しうる市民が彼自身の利益の追求のために行動しながら、なお一定の秩序を保持しうる社会である。アメリカにおいては、かかる市民社会はわずかに一九世紀の初頭、名望家層を支柱として存在しえたのみであって、三〇年代には早くも擬似的「大衆社会」へと転換することになったのである。

こうした傾向は辺境の存在によりいっそう加速されていた。ヘーゲルは『世界史の哲学』の中で次のように述べている。

一つの国家が国家の実存を獲得することができるためには、その国家が不断の移住を心掛けていないということ、農民階級が最早外部に押し寄せてゆくことができないで、却って自己の内部に押し戻されて都市と都市の営業とに向って集中するということが必要である。斯くして、始めて一つの市民的制度が発生することができるのであって、この市民的制度こそは、組織的な国家の成立条件である。北アメリカは今日もなお土地を開墾する立場に立っている。……北アメリカが提供している測り知るべからざる余地が充塡せられて市民社会が自己の内部に押し戻されるようになって始めて、この国家とヨーロッパとの比較が可能になるであろう。（『歴史哲学緒論』河野正通訳、三三〇―一ページ、一九四三年、白揚書館）

ヘーゲルは哲学者の鋭い直観をもって、辺境の、したがって広大な自由土地《フリー・ランド》の存在が「市民社会」の成熟を阻んでいることを指摘したのである。すなわち、一方における広大な辺境の存在と、他方における急速な移民の流入とはアメリカの社会を不断の流動状態に置くことになり、「市民社会」への凝縮を困難なものにしてきたのである。それゆえに、アメリカにおいては現代社会的状況、あるいは「大衆社会」的状況が他の国々よりも早く顕在化したのであった。デューイ自身も *Individualism, old and new* の中で「アメリカニズム」と呼ばれている大衆社会的状況の一面が現にアメリカに存在することを承認しながら、しかし同時に「世界のあらゆる場所で、同じような原因から発展する精神のタイプとして、アメリカ的ということを理解する」態度、すなわち「世界の他の場所でのこの特質の成長は、実はこの国の影響によって促進され、強化されたものではあるのだが、たとえ地理的にアメリカというものがなかったとしても、それでもなおヨーロッパにまもなく発生したであろうようなものとして扱う」態度を高く評価しているのである。

このように考えてくるならば、先にデューイの理論の背景として指摘した方法的要因も時間的要因も、ともに風土的・空間的要因、すなわちアメリカ的風土ないし伝統の中にすでに潜在的に含まれていたものとみなすことができるであろう。要するに、デューイの政治理論はアメリカの政治的伝統の現代的状況における再把握の試みといえるのであり、それゆえにアメリカ的風土とまた「大衆社会」化しつつある現代社会とにおいては少なからぬ実効性を持ちうると考えられるのである。したがってまた、現代的状況との関連で政治を理解しようとしている人にとって、本書は大きな価値を持つといってよいであろう。しかし同時に、こうしたアメリカ的伝統との連続性がデューイの理論にある種の制約を加えていることも否定し難い。周知のごとく、今日のアメリカの政治的伝統は「民主主義」に他ならず、しかもそれはアメリカ国民にあってはすでに達成されたものとして、既存の政治制度と同一視されている。このように、民主主義が現実の制度と同一化されるならば、それがもはや現実の政治を規制する理念となり難いことは明らかであろう。民主主義を全人民の主体的政治参与ないし全人民による自発的秩序形成であるとする限り、それを現実の政治と同一視することは、一個の神話以外の何ものでもないからである。超越的な理念としての民主主義は常に現実の政治ときびしい緊張関係に立っているのであり、そうした緊張関係が自覚されてはじめて、民主主義の理念に基づく現実政治の批判が可能となるのである。しかし、デューイは本書において必ずしもこうした自国の伝統に鋭い批判を向けてはいない。西欧的国家理論を批判する際の鋭利な舌鋒がそのまま自国の伝統の批判に向けられてはいないのである。

　こうした欠陥が最も明らかに露呈されているのは、公衆の再発見を共同社会の回復に求めている点であろう。デューイがいうように、「地域的共同生活が回復されえない限り、公衆はその最も緊急な課題、すなわち自己自身を発見し確認するという課題を適切に解決することができない」とするならば、公衆を不可欠の前提とする民主主義は、結局のところ地域的社会にしか存在しえないであろう。しかも、社会的諸力はすべて共同社会を解体する方向に作用しているのであるから、地域的共同社会は、それらの社会的諸力とは無関係な次元で再建される他はない。その結果は当然に地域的共同社会と全国的統合との断絶を招くであろう。人々はあるいは地域社会では公衆の成員として主体性を回復するかもしれない。しかし、現実の動向に対応せざるをえない全国的政治においては、少数の指導者による統治が何らの抑制も受けることなく進行するであろう。そして、人々は全国的政治に対してはただ情緒的にのみ一体化することを求めるに至るであろう。ある意味では、これは現実にアメリカの社会に生じたことではなかったか。アメリカにおける共同社会的意識はタウン・ミーティングの伝統を想起するまでもなく、今日でもなお個々人の意識の中で確固たる地位を占めている。しかし、利害の多元化と分極化とがいちじるしく進み、全国的規模での統合がいっそう切実に要求されている現代社会では、共同社会的意識はもはや社会の秩序と安定とを創出する要因ではなくなっているのである。現代社会において公衆を再発見する課題は、かつて公衆を育んだ共同社会を回復する試みによっては解決されえない。また、共同社会の親密性を全国民的規模に拡大することによっても解決されえないであろう。現代社会が文字通り原子化された個人を析出する必然的傾向を持つとするならば、公衆を再構成する試みもまた原子的個人から出発しなければならない。それゆえ、今日の政治理論の課題は原子的個人から全国民的規模での公衆を構築する要請に応えることだといってよい。だが、そのためにもデューイの本書が多くの示唆に満ちていることは確かである。われわれはデューイの提起した問題をふまえた上で出発点に立たなければならないであろう。

最後に本書で用いられている「公衆」ということばについて若干付言しておきたい。「公衆」とは公的な立場で行動する人々の総体を意味するものであり、わが国のことばの使い方からいえば、むしろ「公民」に近い意味を持っている。わが国では「公衆」がしばしば不特定多数の意味に用いられ、そのためこのことばからは「公衆電話」とか「公衆衛生」とかいったことばが連想されやすい。しかし、もとより本書においては「公衆」は、そうした意味で用いられているのではない。読者諸氏には、むしろ「公民」ということばを想い起しながら、本書を読んでいただくことを希望する。

なお第四章"Eclipse of the Public"を「公衆の没落」と訳したことについて書き加えておきたい。このEclipseは、辞書によると、太陽や月などが日食や月食などによって一時的に光輝を失うことを意味する。おそらく、デューイは、公衆は依然として存在し続けているが、現代社会の諸条件のために政治的に有効な機能を果たしえなくなっていることをこのEclipseということばによって示そうとしたのであろう。したがって、Eclipseを没落とすることは必ずしも適当ではないと思われるが、他に適切な表現がみあたらないので、比較的に近い意味のことばとして没落を用いた。なお、本文中（　）で示した割注は著者デューイの原注であり、〔　〕で示した割注は訳者の加えた訳注である。

本書の翻訳は、最初訳者の畏友、東京大学社会科学研究所の有賀弘助教授との共同作業として、阿部の作成した訳稿を共同で検討するという形で進められてきたが、有賀氏は草稿の全体に目を通す前にドイツへ留学されることになった。しかし、有賀氏が目を通されていない部分についても、同氏の示唆は可能な限りとりいれられている。したがって、本書は当然に有賀氏との共訳という形で公刊されるべきものであるが、同氏はそれを辞退されたので、訳者としては、阿部の氏名だけを記すことになった。ここに有賀氏が本書の翻訳のために払われた多大の努力に対して深く感謝したい。同氏の努力にもかかわらず、なお残されている誤訳や未熟な表現がすべて訳者の責任であることはいうまでもない。

訳者に本書の訳出を勧めて下さったのは、東京大学法学部の斎藤真教授であった。訳者はアメリカに関する理解の多くを斎藤教授に負うている。ここで教授の平生の御指導と御鞭撻とに心から感謝の意を表したい。また、このあとがきの主要な部分は、訳者がすでに『民主主義と公共の概念――アメリカ民主主義の史的展開』（一九六六年、勁草書房刊）の序章第二節および第三節として発表したものであるが、勁草書房の御好意によってここに再録したものである。勁草書房と特に同社の別所久一氏とに厚くお礼を申し述べておきたい。

終わりに、本書の出版をひきうけられた上、異例の忍耐をもって翻訳の完成をみまもられた、みすず書房と同社の高橋正衛氏との御厚意に厚く謝意を表するとともに、訳者のさまざまな事情から多大の御迷惑をおかけすることになった印刷所の方々におわびを申しあげたい。

一九六九年四月　　訳者

文庫版解説

宇野重規

一　プラグマティストとしてのデューイ

本書は、ジョン・デューイ（一八五九―一九五二）の *The Public and its Problems*, 1927 の翻訳である。一九六九年にみすず書房から刊行された故阿部齊教授による翻訳を、ほぼそのまま再刊している。

デューイといえば、日本でも広く知られた教育学者、哲学者、社会思想家である。その著作の多くがこれまでに翻訳され、研究されてきた。とはいえ、その存在の巨大さは、日本の読者にとってわかりにくいかもしれない。一例をあげれば、バラク・オバマ大統領をはじめ、アメリカのリベラル派にとってデューイはまさにその守護神的な思想家であり、リチャード・ローティのような脱構築的な哲学者もまた、デューイへの親愛の情を隠さない。しかし、それではなぜ、デューイの思想はそれほどの影響力をもったのか。とくにデューイの出発点は何よりもまず哲学であり、教育学であった。そのような彼の思想が、政治を含むアメリカ社会を大きく動かしたのは、不思議といえば不思議である。

さらにデューイはプラグマティズムの思想家とされるが、このプラグマティズムもまた、日本において正当に評価されてきたとはいいがたい思想である。しばしばプラグマティズムは実用主義と同一視され、深い哲学的内容を欠いた、思想ともいえない思想として語られてきた。たしかにプラグマティズムとは、ある思想の形而上学的、あるいは神学的な正当化よりも、その実践における帰結を重視する思考法であり、その限りでは実用主義という評価もけっして間違いではない。とはいえ、筆者が別のところで指摘したように（『民主主義のつくり方』筑摩選書）、プラグマティズムとはアメリカ史上最大の内戦であった南北戦争への深刻な反省から生まれた思想であり、けっして深い思想的内容を欠いているわけではない。それどころか、エマソンやソローらの超越主義の伝統を継承し、二〇世紀のカウンター・カルチャーにも影響を与えるなど、いわばアメリカの思想的背骨ともいうべき哲学がプラグマティズムなのである。

その意味では、本書『公衆とその諸問題』は、デューイの社会思想を知る上で格好の素材ではなかろうか。この本は、デューイが国家や民主主義について論じた代表的な著作であり、政治的な素材を通じて彼の思考法がきわめて明瞭に現れた一冊でもある。国家を実体化、ましてや神格化することなく、人々の信念や行為、そして習慣が結びつくことで社会を変革していく民主主義像を提示した本書は、まさにデューイの思想の真骨頂を示すものである。以下、本書を読む上でポイントとなるいくつかの論点を指摘してみたい。

二　リップマンへの応答

まずは『公衆とその諸問題』が執筆された背景である。よく知られているように、デューイがこの本を執筆したのは、直接的にはウォルター・リップマンの『世論』（一九二二年）や『幻の公衆』（一九二五年）に対する応答としてであった。

これらの著作を通じてリップマンは、はたして現代社会を生きる諸個人が民主主義を担いうるかを問い直した。古典的な民主主義論によれば、個人は決定を行うにあたって必要な知識をもっており、そのような諸個人の意見に基づいて世論が形成される。民主主義とはまさにそのような世論による統治にほかならず、民主主義によってこそ人間の尊厳が実現されると説かれる。とはいえ、このような想定は今日でもなお妥当だろうか。

リップマンが強調したのは、個人はメディアなどを通じて固定的なものの見方（ステレオタイプ）を植えつけられており、そのような眼鏡によってのみ現実を見ているということとである。しかも、グレアム・ウォーラスが『大社会（ザ・グレート・ソサエティ）』（一九一四年）で論じたように、現代社会は交通・通信・産業の発達によって複雑性を増している。人々にとって社会は見えにくくなるばかりであり、その全貌を理解することは到底期待できない。そうだとすれば、知識に基づいて判断を行うという「全能的個人」の想定はドグマに過ぎず、むしろデマや世論操作の危険性に注目する必要がある。結果としてリップマンは、むしろ専門家の役割を強調し、公衆の政治参加を限定的に捉えることになった。

このようなリップマンの議論に対し、デューイの立場は両義的である。たしかに現代社会において、古典的な意味での公衆を期待できないことは事実である。デューイもまた、本書のなかで「公衆の没落（The Eclipse of the Public）」を論じている。アメリカにおいて民主主義の発展を支えたのはローカル・コミュニティにおける自治であり、タウン・ミーティングに代表される対面的な諸関係であった。ところが、現代社会において、公衆の存在は見えにくくなるばかりである。錯綜する利害関係はコミュニティ感覚を失わせ、人々の政治的関心も低下していく。政党もまた人々の意思をよく代表できなくなっており、選挙民は不定形な集団と化している。とはいえ、デューイはこのような問題意識をリップマンと共有しつつも、かといって民主主義への期待は失わない。むしろ、「大社会」に見合った新たな組織化の方法、すなわち複雑化した人々の思いや利害を再組織化し、人々に自らの政治的有効性感覚を回復させるための「大共同社会《グレート・コミュニティ》」が求められているとデューイは説く。「もっと民主主義を」こそが彼の回答であった。

三　デューイの思考法

それではどのようにすれば「大共同社会《グレート・コミュニティ》」は実現するのか。このことを考えるためには、まず彼の国家論を確認しておく必要がある。

デューイの立場は明確である。「国家を形成する諸力などを探し求めるべきではない」（一五頁）。人は国家を論じるにあたって、どうしても国家の起源を考えてしまう。いかなる諸力が作用して国家を形成したのか、国家を作り出した「原因的な力（causal force）」は何か。しかしながら、デューイの見るところ、この種の議論は、アリストテレスが「人間は政治的（ポリス的）動物である」と述べることによって国家（ポリス）の起源を説明したように、循環論法に陥りやすい。このことは哲学だけの陥穽ではない。国家の起源を「心理学的な」データから説明しようとして、人間の群居本能を持ち出すのも同様の誤りである。デューイは国家を何らかの「本質」によって説明する道を選ばない。そのような説明がひとたび確立すれば、やがてそれは「聖化されたある国家形態の神聖さに対する信念」（四六頁）へとつながり、変革への障害となるからである。また、私的意思の総和を超越し、すべてを支配する「一般意思」の想定や、国家を理性が体現したものとしてみる「国家の神格化」もまた、同様の思考法の所産であった。

これに対し、デューイが出発点とするのは、人間の行為は他人に何らかの結果をもたらすということである。そのような結果は当事者にのみ関わる場合もあるが、第三者に及ぶこともある。デューイは前者が「私的」であるのに対し、後者は「公的」な性格をもつという。「たとえそれが良い影響であれ悪い影響であれ、間接的かつ重大な影響を蒙る人々は、一般的承認と名称とを要求するに十分なほど明瞭な集団を形成する」（四八頁）。それが「公衆（the Public）」である。影響を受ける人々は、当事者ではないために直接的に行為を規制することができない。そこで、公衆を代表し、公衆の利益を守るための「公職者（officials）」を選ばなければならないが、「自分たちの利益を保護する公式の代表をともなった公衆の機関」（五〇頁）こそが「国家」である。公衆は公職者を通してのみ行動するが、公職者は公衆を代表することなくして公共性をもちえない。両者の相互関係において国家を捉えるのが、デューイの特徴であった。このようなデューイにとって、「国家の形成はひとつの実験過程であらざるをえない」（四五頁）し、国家の領域も「批判的に、また実験的に決定されるべき」（九六頁）ものであった。唯一正しい国家のあり方を論証するより、実験のなかで国家を見定めようとした点に、デューイのプラグマティズム的思考法が見て取れよう。

四　民主主義とは何か

このように、国家のあるべき姿を一義的に論証し、その扱うべき領域を特定するよりも、あくまで実験のなかで国家を見定めようとしたデューイにとって、民主主義もまた一つの実験過程であった。その際デューイは、統治制度としての政治的民主主義と、社会的な理念としての民主主義を区別する。

統治制度としての政治的民主主義とは、公衆が公職者を選び、それをいかに統制していくかに関わる諸制度である。例えば普通選挙制や多数決支配、さらに議院内閣制などがそれにあたるが、これら「民主的政体において慣れ親しんでいる諸制度は無数のできごとの累積的結果を示しているのであり」、「神聖なものは何もない」（一八一頁）。歴史を振り返れば、人類はこれまで、あるいは長老支配、軍人支配、さらには宗教支配などを経験してきた。多くの場合、歴史的に形成された世襲の王朝こそが権力の地位についてきたが、時の推移とともに、やがて民主主義的な統治制度が台頭してきた。とはいえ、これを単純に民主主義の理念の勝利と見なしてはならない。政治的民主主義とははるかに複雑な事象であり、「多様な状況に対応する膨大な調整の、一種の正味の結果として出現したもの」(一〇九頁)にすぎない。いわば、多くの社会運動が収斂した結果、政治的民主主義は発展してきたのである。逆にいえば、今後も民主主義の実験は続く。いまだ現代社会にふさわしい政治的民主主義の形態は見つかっていないのである。

これに対し、社会的理念としての民主主義とは何であろうか。デューイはこれを次のように表現する。「個人の立場からは、彼の属する集団の活動を形成し方向づけるに際して、彼の能力に応じて責任ある参加を行なうこと、および彼の必要に応じて集団の維持する価値の分配にあずかることのうちにある。集団の立場からは、それは共通の利益と善との調和を保ちつつ、集団の成員の潜在能力の解放を要求する」(一八四頁)。このような理念をデューイは「コミュニティ的な生活様式」と表現する。そこで人間は他者と豊かで多様な結びつきを持つことで、自らの潜在能力を解放し、実現する。能力に応じて独自の貢献をし、生まれた関係の成果を自分自身の方法で享受するのである。このような結合された結果が認知されて行動と努力の対象になるときにのみ、「我々(We)」や「我々の(Our)」は存在する。このような意味での「大共同社会《グレート・コミュニティ》」を、現代のコミュニケーション状況を前提に、いかに実現するか。この問いにこそ、デューイの検討の最大の焦点があった。

五　コミュニケーション、アソシエーション、習慣

それでは「大共同社会《グレート・コミュニティ》」の実現に向けて、デューイは具体的にどのような提案をしているのだろうか。すでに触れたリップマンとの論争においても、この点が明らかにならない限り、あるいはデューイの分が悪くみえるかもしれない。実際、デューイの議論は抽象的な参加民主主義の擁護に過ぎず、ローカル・コミュニティの評価など、むしろ時代錯誤的ですらあったという評価もある。とはいえ、彼の議論の現代性は、ソーシャル・メディアの発達した今日においてこそ、むしろ見えやすくなったといえるのではないか。

デューイの強調するのはまず情報の徹底した公開と共有である。知識は理解であると同時にコミュニケーションであると説くデューイは、「ある事柄が十分に知られるのは、それが公開され、共有され、誰でも近づきうるものとなった時だけ」（二一八頁）という言葉を紹介する。コミュニケーションこそがコミュニティを可能にし、その成員に自らの有効性感覚を発展させ、潜在能力を解放させる。それゆえに、社会的探求の自由およびその結論を分配する自由が必要不可欠であり、公衆に関連する諸結果について十分な公開性のないところに、公衆は存在しないのである。そもそも人間の知は孤立しては存在しえず、

互いに連関してこそ意味をもつ。人間もまた同じであり、個人と集団を対立的に捉えるのは間違いである。「真の課題は集団と個人とを相互に調整するということ」(二三六頁)である。問題があるとすれば、個人の潜在能力を阻んでいる現在の社会のあり方であり、そうである以上、よりよい社会的組織化の模索によってのみ問題は解決されるのである。

それでは何が個人と個人、知と知を媒介し、つなげていくのか。ここでデューイが強調するのがアソシエーション(この訳語については後述する)である。デューイはあらゆる物体の運動は連動しており、完全に孤立した運動は存在しないと強調する。人間もまた、事実としてつながっているだけでなく、およそ「人間が信じ、希望し、目的とするもの」は、アソシエーションと相互交渉の産物である。アソシエーションは政治的なものとは限らず、友情もまた非政治的アソシエーションである。このような人間間の多様なつながりを豊かにし、国家以外の多元的な集団の活動を有効に組織化してはじめて、「大共同社会《グレート・コミュニティ》」は実現するのである。

デューイは同時に習慣の役割にも着目する。これはウィリアム・ジェイムズらプラグマティストに共通のテーマであるが、社会の基礎にあるのは習慣にほかならない。人の行為の多くは必ずしも熟慮された選択の結果ではなく、むしろ習慣によるものである。とはいえ、習慣はけっして変化不能のものではなく、時間をかけて漸進的に変化していく。その意味で、あらゆる社会の変化は長期的にみれば習慣の変化が蓄積したものにほかならない。デューイは民主的社会の鍵を多様な実験をすべての人に許す平等性と寛容性に見いだした。どこかで、誰かが生み出した習慣が、他の人々に伝播し、やがては社会を変革していく。デューイはアソシエーションと習慣による社会の変革、そしてその結果生まれる新たな社会的組織化による公衆の再生に、民主主義の可能性を見ようとしたのである。「もっと民主主義を」と説いたデューイの政治思想の輝きは、二一世紀の今日ますます明らかになっているのではなかろうか。

最後に翻訳について、一言述べておきたい。故阿部教授による翻訳はアメリカ政治思想史研究の立場からなされた意欲的なものであるが、最初に翻訳されてから時間が経過したこともあり、今日においては多少の修正を要する箇所も散見される。例えば教授は public officers や officials を多くの場合に「官吏」と訳されているが、この場合の public officers/officials は、行政官のみならず政治家も含み、公衆を代表する存在を指しているため、むしろ「公職者」あるいは「公務員」と訳した方が原著の含意を良く示すと判断した。さらに association についても、教授は「結社」、「(人と人との) 結合」と訳されている場合もあるが、ほとんどの場合、訳を「連合関係」に統一している。が、デューイは人と人、物と物との関係などを広く指してこの言葉を用いているため、「連合関係」では意味を取りにくい箇所も少なくない。したがって、この言葉についても、「結合関係」などの訳に改めた。その他、明らかな誤記・誤訳を最低限だけ修正したが、あとは基本的に原訳のままである。以上は、著作権継承者の了承の下、解説者と編集部の判断と責任においてなされた。読者に了解していただければ幸いである。

本書は一九六九年六月三〇日、みすず書房より刊行された『現代政治の基礎——公衆とその諸問題』を改題したものである。文庫化にあたり、宇野重規氏との相談のもと、著作権継承者の許可を得たうえで、底本の訳語の一部を近年通用の訳語に置き換えるなど、訳の文意文体を損なわない範囲で、若干の訂正を行なった。

ちくま学芸文庫

公衆《こうしゅう》とその諸問題《しょもんだい》 現代政治《げんだいせいじ》の基礎《きそ》

二〇一四年九月十日 第一刷発行
二〇二四年三月十五日 第二刷発行

著者 ジョン・デューイ
訳者 阿部齊（あべ・ひとし）
発行者 喜入冬子
発行所 株式会社 筑摩書房
東京都台東区蔵前二—五—三 〒一一一—八七五五
電話番号 〇三—五六八七—二六〇一（代表）

装幀者 安野光雅
印刷所 三松堂印刷株式会社
製本所 三松堂印刷株式会社

ISBN978-4-480-09606-7 C0131